그림으로 깨우치는 한자기초 학습서

조규남 선생님의
머리에 쏙~쏙
들어오는
자원풀이!!

부수한자

이 책으로 부수 한자도 배우고 바른 글씨체도 익힌다~!

*쓰기장 포함

조규남 엮음

태평양저널

조 규 남 (曺圭南)

성균관대학교 문과대학 한문학과 졸업
성균관대학교 대학원 졸업(한문교육전공)
민족문화추진회 국역연수부 졸업
대한민국 미술대전 서예부문 입선(미협)
추사김정희선생추모 전국휘호대회 초대작가
소사벌서예대전 초대작가
도원서예 원장
성균관대학교 강사(「금석서예」지도)

그림으로 깨우치는 한자기초 학습서 자원풀이 **부수한자**

2012년 11월 30일   2쇄 인쇄
2025년 1월 20일   15쇄 발행

엮은이 : 조 규 남
펴낸이 : 박 종 수
펴낸곳 : 태평양저널.(서울특별시 영등포구 신길5동 339-119.)
전　화 : (02)834-1806
팩　스 : (02)834-1802
등　록 : 1991. 5. 3.(제03-00468)
ⓒ 조규남2007

정가 8,000원

이 책의 무단 복제, 복사, 전재는 저작권법에 저촉됩니다.
잘못 만들어진 책은 바꾸어 드립니다.

ISBN 978-89-90642-97-4

감 수 문 (監 修 文)

우리나라는 한자문화권에 속해 있다.

우리는 수천 년 동안 한자(漢字)와 더불어 생활해왔기 때문에 한자는 알게 모르게 우리의 생활 깊숙이 들어와 있다. 한자가 비록 외국의 문자이긴 하지만 우리 민족은 한자를 맹목적으로 받아들인 것이 아니고 한자를 이용하여 우리의 문화를 풍부하게 하는 슬기를 발휘하였다. 지금 우리들에게 남겨진 찬란한 민족문화의 유산이 바로 그것이다. 그러므로 우리는 좋든 싫든 한자를 떠날 수 없게 되어 있다.

그동안 파행적인 어문정책으로 인하여 학생들의 한자학습에 커다란 어려움을 겪기도 하였으나, 근년에 한자학습의 필요성이 새롭게 인식되어 그 열기가 전국적으로 확산되고 있는 것은 늦은 감이 있으나마 지극히 다행스러운 일이다. 특히 초등학교 학생들의 학습 전반에 걸쳐 한자가 차지하는 비중은 거의 절대적이라 할 수 있다. 각 교과목에 나오는 학습용어(學習用語)들이 대부분 한자어로 되어 있어 한자를 익히면 내용의 절반 이상을 저절로 이해할 수 있기 때문이다. 더구나 표의문자(表意文字)인 한자의 특성상 한자학습은 학생들의 사고력을 증진시키고 조어력(造語力)을 향상시킨다. 또한 이 어지러운 시대에 한자학습은 학생들의 인성교육(人性敎育)에도 커다란 공헌을 하고 있다.

이러한 시대적 요구에 부응하여 조규남군이 이 책을 편찬한 것은 참으로 훌륭한 일이라 하겠다. 조규남군은 성균관대학교 한문학과에서 내가 직접 가르친 제자이다. 조군은 성균관대학교 한문학과를 졸업하고 교육대학원에서 한자교육 연구로 석사학위를 취득했으며, 재능교육에서 다년간 한자 학습지 편찬을 주관하다가 뜻한 바 있어 지금은 아담한 교실을 마련하여 학생들에게 한자와 서예를 지도하고 있다. 항상 단정한 몸가짐으로 선비의 품성을 갖춘 조규남군이, 한문학과에서 공부한 한문학 지식과 대학원에서 연구한 학습이론을 바탕으로 펴낸 이 책이 한자를 공부하려는 학생들에게 등대와 같은 길잡이가 되리라는 것은 믿어 의심치 않는다.

성균관대학교 한문학과 교수 문학박사 송 재 소

이 책의 활용법

- 이 책은 한자학습의 초보자를 위한 **한자기초** 학습서입니다.
- 다년간 현장 학습지도(學習指導)로 경험이 많으신 여러 선생님들의 의견을 반영하여 제작하였습니다.

| 학 | 습 | 방 | 법 |

① **한자의 기본획** 쓰기 순서를 잘 익혀서, 쉽고 빠르고 맵씨있게 표현해 보도록 한다.

② **부수한자**(部首漢字)의 **모양**(형)·**뜻**(훈)·**소리**(음)를 자세히 살펴본다.
   또한 **부수한자**(部首漢字)의 **이름과 위치**·쓰임에 따른 **변형** 등을 알아둔다.

③ **자원풀이**(字源 풀이)를 통해 글자의 생성과정과 비슷한 **한자** 등을 익힌다.

④ **본보기 한자**(漢字)를 쓰는 순서대로 3~5회, 글자 위에 그대로 따라 써 본다.
   다음에 부수(部首)를 한번 더 확인하고, 획수(畫數)·총획(總畫)·훈음(訓音)의 변화 등을
   익힌 후, 빈칸을 채워나간다.

⑤ **부수한자**(部首漢字)를 익히는 맨 아랫칸의 나열된 한자들의 글자 속에 포함되어 있는
   부수자의 위치를 색깔펜 등으로 표시해본다.

⑥ **부수한자**(部首漢字)는 **뜻**을 중심으로 익힌다.
   한자는 의미(意味)를 위주로 하는 표의문자(表意文字)이므로, 그 특성을 충분히 살려서
   공부해야만 한자어(漢字語)나 성어(成語), 한문 문구(文句)를 이해하는데 도움이 된다.

⑦ **육서**(六書:상형·지사·회의·형성·전주·가차)가 만들어진 과정과 한자들의 쓰임새를 익힌다.

⑧ **자전**(字典) **찾기**의 기본 방법을 익힌다.

⑨ **이름쓰기**(학교·본인·부모·조부모·외조부)를 정성껏 배워 실생활에 활용하도록 한다.

 이 학습서가 한자학습(漢字學習)의 좋은 길잡이가 되어 공부에 자신감이 생기기를
진심으로 바라는 바입니다.

엮은이   조 규 남 드림

차례

3 감수문

4 이 책의 활용법

6 글씨를 쓰는 바른자세

7 기초(基礎) 학습
    육서(六書)   8
    한자의 필순(筆順)   9
    부수
        1.부수자(部首字)의 이름과 위치   11
        2.부수자의 변형   13
    자전(字典)에서 한자찾기   14
    한자(漢字)의 기본 획 쓰기   15

21 부수자(部首字) 학습
    부수자(部首字)의 생성(자원풀이)과 익히기   22
    부수자(部首字) 더 써보기   108

151 부록(附錄)
    이름쓰기   152
    부수자 일람표

▲ 글씨를 쓰는 바른 자세

연필 쥐는 법 ▶

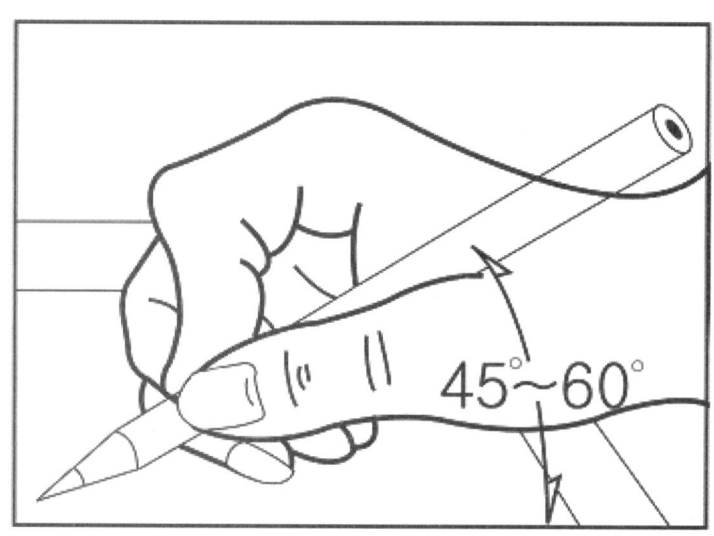

기초(基礎) 학습

- 육서(六書)
- 한자의 필순(筆順)
- 부수(部首)
- 자전(字典)에서 한자찾기
- 한자(漢字)의 기본 획 쓰기

육서(六書)

  육서(六書)는 상형문자/지사문자/회의문자/형성문자/전주문자/가차문자를 말하며, 각각 일정한 규칙에 의해 그 구성과 응용 방법에 따라 나누어진 것이다.
  문자(文字)라는 말은 육서(六書) 중에서 문(文) 부분은 단독의 뜻을 가지고 있는 상형과 지사를 말하며, 자(字) 부분은 이미 만들어진 문(文)의 의미를 조합하여 기본 글자를 불려나갔으니 회의와 형성이 여기에 해당된다. 따라서 문(文)과 자(字)는 한자를 만드는 원리를 대표하는 말인 셈이다. 그 외에 전주와 가차는 이미 만들어진 문자(文字)를 활용하는 편에 속한다고 할 수 있다.

1. 상형문자(象形文字): 구체적임

> 구체적인 사물의 모양을 본떠서 만든 글자.
>   예) 日(해 일), 月(달 월), 馬(말 마), 山(메 산) 등.

2. 지사문자(指事文字): 추상적임

> 추상적인 생각이나 뜻을 점이나 선, 또는 부호로 나타낸 글자.
>   예) 一(한 일), 上(위 상), 下(아래 하), 本(근본 본), 末(끝 말) 등.

3. 회의문자(會意文字): 뜻부분(意) + 뜻부분(意)

> 이미 만들어진 둘 이상의 글자들을 결합하여 그것들로부터 연관되는 새로운 뜻을 가지도록 만들어진 글자.
>   예) 男[사내 남 → 田:밭 전 + 力:힘 력] ⇒ 논밭(田)의 일터에서 힘써(力) 일하는 '사내'
>   休[쉴 휴 → 亻:사람 인 + 木:나무 목] ⇒ 사람(亻)이 나무(木) 그늘 밑에서 '쉼'

4. 형성문자(形聲文字): 뜻을 포함한 부분(形) + 음부분(聲)

> 이미 만들어진 글자를 결합하여 새로운 뜻을 나타내되, 일부는 뜻(形)을 나타내고 일부는 음(聲)을 나타내는 글자.
>   예) 頭[머리 두 ⇒ 頁:머리 혈 + 豆:콩 두], 空[빌 공 ⇒ 穴:구멍 혈 + 工:장인 공] 등.

5. 전주문자(轉注文字): 뜻부분 위주

> 이미 만들어진 글자를 가지고 그 뜻을 유추(類推)하여 다른 뜻으로 굴리고(轉) 끌어대어(注) 활용하는 글자.
>   예) 樂(풍류 악 / 즐길 락 / 좋아할 요), 老(늙은이 로 / 익숙할 로) 등.

6. 가차문자(假借文字): 음부분 위주

> 이미 만들어진 글자를 본래의 뜻에 관계 없이 음만 빌려다가 쓰는 글자.
>   예) 亞細亞(아세아 : Asia), 佛陀(불타 : Buddha), 丁丁(정정 : 도끼로 나무를 찍는 소리),
>   可口可樂(코카콜라 : Coca cola) 등.

한자의 필순(筆順)

한자의 필순(筆順)은 절대적인 규칙이 있는 것은 아니지만, 오랜 세월동안 여러 사람의 체험을 통해서 붓글씨의 획(劃)을 쓰기위한 일반적인 순서가 갖추어졌다고 할 수 있다. 글자의 모양이 아름다우면서 빠르고 정확하게 쓸 수 있는 방법이 필요했던 것이다. 붓글씨의 획(劃)은 점(點)과 선(線)으로 이루어져있는데, 필순은 이 점과 선으로 구성된 획을 쓰는 순서를 말한다. 특히, 행서(行書)와 초서(草書)의 경우에는 쓰는 순서에 따라 그 한자의 모양새가 달라진다.

필순(筆順)의 기본원칙(基本原則)은 다음과 같다. 예외적인 경우도 잘 알아두어야 한다.

1. 위에서 아래로 긋는다.

  三 ⇨ 一 二 三

2. 왼쪽에서 오른쪽으로 긋는다.

  川 ⇨ 丿 丿丿 川

3. 가로획을 먼저 쓰고 세로획은 나중에 긋는다.

  十 ⇨ 一 十   田 ⇨ 丨 冂 日 田 田
  主 ⇨ 丶 一 二 主 主   住 ⇨ 丿 亻 亻 亻 住 住 住
  馬 ⇨ 丨 厂 厂 戸 馬 馬 馬 馬 馬

4. 삐침(丿)을 파임(乀)보다 먼저 긋는다.

  入 ⇨ 丿 入   及 ⇨ 丿 乃 乃 及

• **삐침(丿)을 나중에 긋는 경우도 있다.**

  力 ⇨ 丁 力   方 ⇨ 丶 一 方 方

5. 좌우(左右)로 대칭일 때는 가운데 획을 먼저 긋는다.

  小 ⇨ 亅 小 小   水 ⇨ 亅 水 水 水
  山 ⇨ 丨 凵 山   出 ⇨ 丨 屮 屮 出 出
  雨 ⇨ 一 厂 冂 币 币 雨 雨 雨
  【예외】 火 ⇨ 丶 丶 少 火   來 ⇨ 一 厂 厂 厂 厂 來 來 來

6. 글자 전체를 꿰뚫는 획은 나중에 긋는다.

中 ⇨ 丨 冂 口 中
車 ⇨ 一 ㄷ 丙 币 百 亘 車
事 ⇨ 一 ㄱ 亓 三 亘 写 写 事
手 ⇨ 一 二 三 手
子 ⇨ ㇇ 了 子
女 ⇨ ㇘ ㇌ 女
母 ⇨ 𠃊 ㄐ 及 及 母
【예외】 世 ⇨ 一 十 卅 廿 世

7. (오른쪽 위의) 점은 맨 나중에 찍는다.

太 ⇨ 一 ナ 大 太
寸 ⇨ 一 十 寸
代 ⇨ 丿 亻 仁 代 代
求 ⇨ 一 十 ㇀ 才 求 求

8. 안을 둘러싸고 있는 한자는 바깥부분을 먼저 쓰고, 밑부분은 맨 나중에 긋는다.

四 ⇨ 丨 冂 四 四 四
國 ⇨ 丨 冂 冂 冃 冃 冃 冃 國 國 國 國
門 ⇨ 丨 ㄖ 冃 門 門 門 門 門

9. 받침(廴, 辶)은 맨 나중에 긋는다.

建 ⇨ ㇇ 彐 彐 彐 聿 聿 建 建
近 ⇨ ㇀ 厂 斤 斤 斤 沂 近 近
【예외】 起 ⇨ 一 十 土 耂 耂 耂 走 走 起 起
題 ⇨ 丨 冂 日 旦 早 早 是 是 是 題 題 題 題 題 題

부수(部首)

1. 부수자(部首字)의 이름과 위치

이 름	위 치	해 당 한 자
제부수		手(손 수)　　日(해 일)　　月(달 월) 人(사람 인)　　馬(말 마) 등.
몸		멀경몸 - 冊(책 책)　再(두 재) 등. 큰입구몸 - 國(나라 국)　因(인할 인) 등. 에운담몸 - 悶(물을 문)　街(거리 가) 등. 위튼입구몸 - 出(날 출)　凶(흉할 흉) 등. 튼입구몸 - 匠(장인 장)　匣(갑 갑) 등. 감출혜몸 - 區(구역 구)　匹(짝 필) 등. 쌀포몸 - 包(쌀 포)　勿(˜하지말 물) 등.
머리		돼지머리해 - 亡(망할 망) 交(사귈 교) 등. 민갓머리 - 冠(갓 관) 冥(어두울 명) 등. 갓머리 - 家(집 가)　安(편안할 안) 등. 대죽머리 - 第(차례 제)　笑(웃을 소) 등. 필발머리 - 發(필 발) 登(오를 등) 등. 초두머리 - 花(꽃 화) 草(풀 초) 등.
발		어진사람인발 - 兄(형 형)　兒(아이 아) 등. 천천히걸을쇠발 - 夏(여름 하) 등. 스물입발 - 弄(희롱할 롱) 등. 연화발 - 然(그럴 연) 등.

11

이 름	위 치	해 당 한 자
좌부변		이수변 – 冷(찰 랭) 涼(서늘할 량) 등. 두인변 – 德(덕 덕) 後(뒤 후) 등. 심방변 – 性(성품 성) 悟(깨달을 오) 등. 재방변 – 投(던질 투) 打(칠 타) 등. 장수장변 – 牀(평상 상) 등. 개사슴록변 – 犯(범할 범) 狗(개 구) 등. 구슬옥변 – 理(다스릴 리) 球(공 구) 등. 죽을사변 – 死(죽을 사) 殃(재앙 앙) 등. 삼수변 – 江(강 강) 海(바다 해) 등. 보일시변 – 神(귀신 신) 社(단체 사) 등. 육달월변 – 肝(간 간) 能(능할 능) 등. 좌부방변 – 防(막을 방) 陵(언덕 릉) 등.
우부방		병부절방 – 印(도장 인) 卵(알 란) 등. 우부방 – 郡(고을 군) 鄕(시골 향) 등.
엄		민엄호 – 原(근원 원) 厄(재앙 액) 등. 주검시엄 – 尾(꼬리 미) 尺(자 척) 등. 엄호 – 庭(뜰 정) 度(법도 도) 등. 기운기엄 – 氣(기운 기) 등. 병질엄 – 病(병들 병) 疾(병 질) 등. 늙을로엄 – 老(늙을 로) 者(놈 자) 등. 범호엄 – 虎(범 호) 號(부르짖을 호) 등.
책받침		민책받침 – 廷(조정 정) 建(세울 건) 등. 책받침 – 近(가까울 근) 道(길 도) 등.

2. 부수자(部首字)의 변형

부수자	변형 부수자	해당 한자
人(사람 인)	亻(사람인변)	仁(어질 인) 등.
刀(칼 도)	刂(선칼도방)	利(이로울 리) 등.
川(내 천)	巛(개미허리)	巡(순행할 순) 등.
彐(돼지머리 계)	彐 彑(튼가로왈)	彗(비 혜) 彘(돼지 체) 등.
攴(칠 복)	攵(등글월문)	敎(가르칠 교) 등.
心(마음 심)	忄(심방변)	情(뜻 정) 등.
手(손 수)	扌(재방변)	指(손가락 지) 등.
水(물 수)	氵(물수변)	法(법 법) 등.
火(불 화)	灬(연화발)	熱(더울 열) 등.
玉(구슬 옥)	王(구슬옥변)	珍(보배 진) 등.
示(보일 시)	礻(보일시변)	礼(예도 례) 등.
絲(실 사)	糸(실사변)	結(맺을 결) 등.
老(늙을 로)	耂(늙을로엄)	考(상고할 고) 등.
肉(고기 육)	月(육달월변)	肥(살찔 비) 등.
艸(풀 초)	艹 艹(초두머리)	茶(차 다) 등.
衣(옷 의)	衤(옷의변)	複(겹칠 복) 등.
辵(쉬엄쉬엄갈 착)	辶(책받침)	通(통할 통) 등.
邑(고을 읍)	阝(우부방)-오른쪽에 위치	都(도읍 도) 등.
阜(언덕 부)	阝(좌부방변)-왼쪽에 위치	限(한정 한) 등.

자전(字典)에서 한자찾기

'자전(字典)'을 따로 '옥편(玉篇)'이라고도 한다.
한자의 부수(部首) 214자에 따라 분류한 한자를 획수의 차례로 배열하여 글자마다 우리말로 훈(뜻)과 음을 써 놓은 책이다.
자전(字典)에서 한자를 찾는 방법은 크게 아래의 세 가지 방법이 있다.

1.「부수 색인(部首索引)」 이용법

부수한자 214자를 1획부터 17획까지의 획수에 따라 분류해서 만들어 놓은「부수 색인(部首索引)」을 이용한다.

> <보기> '地' 자를 찾는 경우
> ① '地'의 부수인 '土'가 3획이므로「부수 색인」3획에서 '土'를 찾는다.
> ② '土' 자 옆에 적힌 쪽수에 따라 '土(흙 토)' 부를 찾아 펼친다.
> ③ '地' 자에서 부수를 뺀 나머지 부분(也)의 획이 3획이므로, 다시 3획 난의 한자를 차례로 살펴 '地' 자를 찾는다.
> ④ '地(땅 지)' 자의 훈과 음을 확인한다.

2.「총획 색인(總畫索引)」 이용법

「부수 색인(部首索引)」으로 한자를 찾지 못한 경우는 글자의 총획을 세어서 획수별로 구분하여 놓은「총획 색인(總畫索引)」을 이용한다.

> <보기> '乾' 자를 찾는 경우
> ① '乾' 자의 총획(11획)을 센다.
> ② 총획 색인 11획 난에서 '乾' 자를 찾는다.
> ③ '乾' 자 옆에 적힌 쪽수를 펼쳐서 '乾' 자를 찾는다.
> ④ '乾(하늘 건)' 자의 훈과 음을 확인한다.

3.「자음 색인(字音索引)」 이용법

한자음을 알고 있을 때는 가나다 순으로 배열된「자음 색인(字音索引)」을 이용한다.

> <보기> '南' 자를 찾는 경우
> ① '南' 자의 음이 '남'이므로「자음 색인(字音索引)」에서 '남' 난을 찾는다.
> ② '남' 난에 배열된 한자들 중에서 '南' 자를 찾는다.
> ③ '南' 자 아래에 적힌 쪽수를 찾아 펼친다.
> ④ '南(남녘 남)' 자의 훈과 음을 확인한다.

♣ 다음 한자(漢字)의 기본 획을 써 보시오.

꼭지점	꼭지점					
	서울 경					
왼 점	왼 점					
	작을 소					
오른점	오른점					
	마음 심					
평갈고리	평갈고리					
	아들 자					

♣ 다음 한자(漢字)의 기본 획을 써 보시오.

♣ 다음 한자(漢字)의 기본 획을 써 보시오.

ㄱ	ㄱ 꺾은갈고리					
꺾은갈고리	刀 칼 **도**					
」	」 굽은갈고리					
굽은갈고리	手 손 **수**					
ㄱ	ㄱ 오른꺾음					
오른꺾음	月 달 **월**					
ㄴ	ㄴ 왼꺾음					
왼꺾음	亡 없을 **망**					

♣ 다음 한자(漢字)의 기본 획을 써 보시오.

좌우꺾음	좌우꺾음					
	더불 여					
삐침	삐침					
	적을 소					
파임	파임					
	여덟 팔					
지게다리	지게다리					
	창 과					

♣ 다음 한자(漢字)의 기본 획을 써 보시오.

ノ 치킴	ノ 치킴					
	江 강 **강**					
ㄴ 새가슴	ㄴ 새가슴					
	光 빛 **광**					
乙 새 을	乙 새 을					
	乞 빌 **걸**					
ㄟ 봉날개	ㄟ 봉날개					
	風 바람 **풍**					

♣ **다음 한자(漢字)의 기본 획을 써 보시오.**

辶 받 침	辶 받침				
	返 돌이킬 **반**				
永 길 영	永 길 영				

【참고】 永字八法 (영자 팔법)

한자 해서체(楷書體)의 기본 점획을 쓸 때 익히는 여덟 가지 획이 들어 있는 길 영(永)자 쓰는 법, 즉 영자 팔법(永字八法)은 후한(後漢) 때 채옹이 고안하였으며, 다음과 같다.

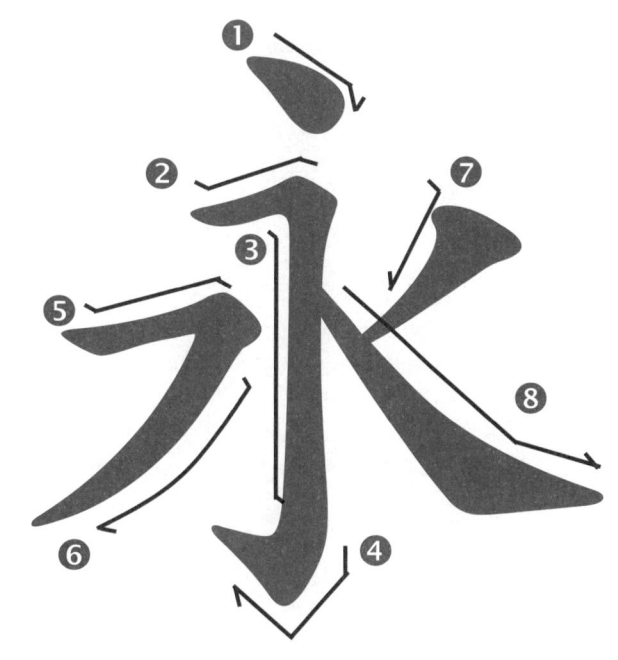

❶ **측**(側) – 오른 점
❷ **늑**(勒) – 가로 긋기
❸ **노**(努) – 내려 긋기
❹ **적**(趯) – 갈고리
❺ **책**(策) – 치킴
❻ **약**(掠) – 긴 삐침
❼ **탁**(啄) – 짧은 삐침
❽ **책**(磔) – 파임

부수자(部首字) 학습

- 부수자(部首字)의 생성(자원풀이)과 익히기
- 부수자 더 써보기

○ 핵심정리장 1　　　　　　　　　　　　　　　　⬇ 자세히 읽어 보세요.

자원풀이 및 핵심정리

가로로 놓인 획 또는 선 '**하나**'인 수효를 나타낸 자로, 셈의 시작이나 사물의 처음을 뜻하기도 하고, 전체를 아우르는 말인 '**온**'으로도 쓰임.

 　　｜｜｜｜　　뚫을(통할) 곤

위에서 아래로 바로 꿰 '**뚫는다**'는 뜻을 가진 자.

 　점　주 / 불똥　주

등잔 속 심지불로부터 튄 한 '**점**'의 '**불똥**'을 나타낸 자.

  　삐칠　별

글씨를 오른쪽에서 왼쪽으로 당겨 쓰며 '**삐친다**'는 뜻의 자.

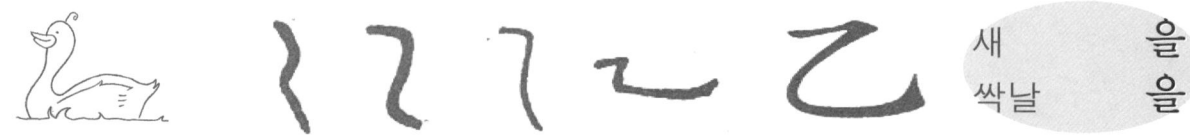　새　을 / 싹날　을

'**새**'의 굽은 앞가슴처럼 초목의 '**싹이 나오는**' 모습을 나타낸 자.

월   일 【시간】   ~

부수-1

一 한(하나) 온(온통) 일	一 부수 0획, 총 1획.　　(　　)부수 (　　)획, 총 (　　)획.
	七:일곱 칠　上:위 상　下:아래 하　不:아닐 불/부

ㅣ 뚫을(통할) 곤	ㅣ 부수 0획, 총 1획.　　(　　)부수 (　　)획, 총 (　　)획.
	中:가운데 중

丶 점 불똥 주	丶 부수 0획, 총 1획.　　(　　)부수 (　　)획, 총 (　　)획.
	丸:알 환　丹:붉을 단　主:주인 주

丿 삐칠 별	丿 부수 0획, 총 1획.　　(　　)부수 (　　)획, 총 (　　)획.
	乃:이에 내　之:갈 지　乎:어조사 호　乘:탈 승

乙 새 싹날 을	乙 부수 0획, 총 1획.　　(　　)부수 (　　)획, 총 (　　)획.
	乚 새 을
	九:아홉 구　也:어조사 야　乳:젖 유　乾:하늘 건

○ 핵심정리장 2　　　　　　　　　　　　⬇ 자세히 읽어 보세요.

자원풀이 및 핵심정리

　　　　갈고리 궐

낚시처럼 거꾸로 굽은 쇠인 '갈고리' 를 뜻한 자.

　　　두(둘) 이

하늘과 땅을 가로로 나란히 두 선을 그어 '둘' 을 나타낸 자.

　　　ㅗ 二　돼지머리해 머리 두

가로선 위에 꼭지점을 찍어 '머리' 부분이나 '위' 를 나타낸 자.

　　人　사람 인

팔을 늘어뜨린 채 다리로 내딛고 서 있는 '사람' 의 모양을 본뜬 자.
　☞ 변형 부수자는 亻(사람인변)임.

　　　儿　어진사람인발 받침사람 인

왼쪽은 팔을 쭉 뻗고 오른쪽은 다리를 약간 굽혀 팔과 다리가 서로 다름을 보인 '사람' 의 모양을 본뜬 자.

부수-2

亅	亅 부수 0획, 총 1획.	( )부수 ( )획, 총 ( )획.		
갈고리 궐				
	了:마칠 료　予:나 여/줄 여　事:일 사			

二	二 부수 0획, 총 2획.	( )부수 ( )획, 총 ( )획.		
두(둘) 이				
	五:다섯 오　井:우물 정　互:서로 호　亞:버금 아			

亠	亠 부수 0획, 총 2획.	( )부수 ( )획, 총 ( )획.		
돼지머리해 머리 두				
	亡:망할 망　交:사귈 교　亦:또 역　享:누릴 향			

人	人 亻 부수 0획, 총 2획.	( )부수 ( )획, 총 ( )획.		
사람 인			亻	
			사람인변	
	令:명령할 령　以:써 이　來:올 래　仁:어질 인			

儿	儿 부수 0획, 총 2획.	( )부수 ( )획, 총 ( )획.		
어진사람인발 받침사람 인				
	元:으뜸 원　兄:형 형　光:빛 광　兒:아이 아			

○ 핵심정리장 3　　　　　　　　　　　　　　　　　　⬇ 자세히 읽어 보세요.

자원풀이 및 핵심정리

   들 입
들어갈 입

풀과 나무의 뿌리가 땅으로 박혀 '들어가는' 모양을 본뜬 자.
- 入(들 입), 人(사람 인).

  여덟 팔
나눌(갈라질) 팔

하나는 왼쪽을 향하고, 하나는 오른쪽을 향하여 서로 등져 '나누어지는' 모습을
나타내기도 하며, 두 손의 손가락을 네 개씩 펴 서로 등진 손가락 수가 '여덟'이라는 뜻의 자.
- 八(여덟 팔), 入(들 입), 人(사람 인).

  멀 경 몸

이어져 뻗쳐 있으며 각각 경계 지어 나누어진 교외의 '멀리'까지를 나타낸 자.

   민 갓머리
덮을 멱

천으로 물건을 '덮는다'는 뜻의 자.

   이 수 변
얼음 빙

물이 무늬 결로 엉긴 '얼음' 모양을 본뜬 자.

26

부수-3

入 들 들어갈 입	入 부수 0획, 총 2획.　　　(　　)부수 (　　)획, 총 (　　)획.
	內:안 내　　全:온전할 전　　兩:두 량

八 여덟 팔 나눌(갈라질)	八 부수 0획, 총 2획.　　　(　　)부수 (　　)획, 총 (　　)획.
	公:공평정직할 공　　六:여섯 륙　　共:함께 공　　兵:군사 병

冂 멀 경 몸	冂 부수 0획, 총 2획.　　　(　　)부수 (　　)획, 총 (　　)획.
	冊:책 책　　再:두 재

冖 민갓머리 덮을 멱	冖 부수 0획, 총 2획.　　　(　　)부수 (　　)획, 총 (　　)획.
	冠:갓 관　　冥:어두울 명

冫 이수변 얼음 빙	冫 부수 0획, 총 2획.　　　(　　)부수 (　　)획, 총 (　　)획.
	冬:겨울 동　　冷:찰 랭　　凍:얼 동　　凉:서늘할 량

○ 핵심정리장 4　　　　　　　　　　　　⬇ 자세히 읽어 보세요.

자원풀이 및 핵심정리

 几 几 几　안석　궤

다리가 달려 있어 걸터앉을 수 있는 걸상인 '안석'의 모양을 본뜬 자.

 凵 凵 凵　위튼입구몸 입벌릴　감

사람이 아랫입술만 넓게 하여 '입벌린' 동작을 나타낸 자.

 ラ ゟ ゟ ㄌ 刀　칼　도 외날칼　도

자루가 달리고 등과 외날이 있는 '칼'의 모양을 본뜬 자.

 ㅓ ㅓ 历 ㄌ 力　힘(힘줄)　력

힘을 주어 불끈 솟아오른 사람의 '힘' 줄 모양을 본뜬 자.
• 力(힘 력), 刀(칼 도).

 ㅇ 勹　쌀 포 몸 쌀　포

사람이 몸을 구부려 품속의 물건을 감 '싸고 있는' 모습을 나타낸 자.

부수-4 월   일 【시간】   ~

几 안석 궤	几 부수 0획, 총 2획. ( )부수 ( )획, 총 ( )획.
	凡:무릇 범 凰:봉황새 황 凱:싸움이긴풍류 개

凵 위튼입구몸 입벌릴 감	凵 부수 0획, 총 2획. ( )부수 ( )획, 총 ( )획.
	凶:흉할 흉 出:날 출 凹:오목할 요 凸:볼록할 철

刀 칼 도 외날칼 도	刀刂 부수 0획, 총 2획. ( )부수 ( )획, 총 ( )획.
	刂 선칼도방
	分:나눌 분 初:처음 초 利:이로울 리 前:앞 전

力 힘(힘줄) 력	力 부수 0획, 총 2획. ( )부수 ( )획, 총 ( )획.
	加:더할 가 功:공 공 勞:수고로울 로 務:힘쓸 무

勹 쌀포몸 쌀 포	勹 부수 0획, 총 2획. ( )부수 ( )획, 총 ( )획.
	勿:~하지말 물 包:쌀(꾸릴) 포

○ 핵심정리장 5 　　　　　　　　　⬇ 자세히 읽어 보세요.

자원풀이 및 핵심정리

   　숟가락　비
　　　　　　　　　　　　　　　　　　　　　　비수　　비

나무로 만든 밥 '**숟가락**' 의 모양을 본뜬 자.

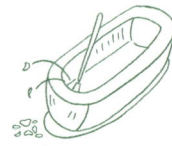    　튼입구몸
　　　　　　　　　　　　　　　　　　　　　　　상자　　방

통나무를 파서 만든 '**상자**' 모양을 본뜬 자.

 　　　　　　　　　 　감출혜몸

덮어 가려 '**감춘다**' 는 뜻의 자.

   　열　십

 동서남북 사방과 중앙이 온전히 갖추어지면 결함이 없듯이, 온전한 두 손을 엇갈면 손가락의 수가 모두 '**열**' 이 된다는 뜻의 자.

 　　　　　　　　 　점　복

거북을 불로 구워 째진 갈래로 길흉의 '**점**' 을 쳤다는 뜻의 자.

부수-5　　　　　　　　　월　　　일【시간】　　　　～

	匕 부수 0획, 총 2획.	(　　)부수(　)획, 총(　)획.
匕 숟가락 비 비수 비		
	化:화할 화　　北:북녘 북/달아날 배	

	匚 부수 0획, 총 2획.	(　　)부수(　)획, 총(　)획.
匚 튼 입 구 몸 상자 방		
	匡:바를 광　　匠:장인 장　　匪:도둑 비　　匱:궤 궤	

	匚 부수 0획, 총 2획.	(　　)부수(　)획, 총(　)획.
匸 감출혜몸		
	匹:짝 필　　區:구역 구　　匿:숨을 닉	

	十 부수 0획, 총 2획.	(　　)부수(　)획, 총(　)획.
十 열 십		
	千:일천 천　　午:낮 오　　卑:낮을 비　　南:남녘 남	

	卜 부수 0획, 총 2획.	(　　)부수(　)획, 총(　)획.
卜 점 복		
	占:점 점　　卦:점괘 괘　　卞:조급할 변	

○ 핵심정리장 6　　　　　　　　　　　　　⬇ 자세히 읽어 보세요.

자원풀이 및 핵심정리

　　　　　　　　　　　병부절방
　　　　　　　　　　　　　　　　　　　　뼈마디　절

반으로 갈라져 서로 결합되는 한 쪽의 '부절' 모양을 본뜬 자.
　☞ 부수자가 㔾(병부절방)으로도 쓰임

　　　　　　　　　　　민 엄 호
　　　　　　　　　　　　　　　　　　　　언덕　　한

산기슭에 돌출한 바위 아래의 빈 곳에 사람이 살 수 있도록 '언덕' 져 있다는 뜻의 자.

　　　　　　　　　　　마 늘 모
　　　　　　　　　　　　　　　　　　　　사사로울 사

갈고리같이 마음이 굽은 사람은 항상 공정하지 못하고 이익 됨만을 '사사로이' 챙긴다는 뜻의 자.

　　　　　　　　　　　또　　　우
　　　　　　　　　　　　　　　　　　　　손　　　우

오른손잡이의 오른 '손' 은 자주 '또' 쓴다는 뜻의 자.

　　　　　　　　　　　입　　　구

사람이 말하거나 먹거나 입맞춤하는 일을 오로지 담당하는 기관인 '입' 모양을 본뜬 자.

부수-6

卩	卩 巴 부수 0획, 총 2획. ( )부수 ( )획, 총 ( )획.
병부절방 뼈마디 **절**	巴
	卯:토끼 **묘** 危:위태할 **위** 印:도장 **인** 卵:알 **란**

厂	厂 부수 0획, 총 2획. ( )부수 ( )획, 총 ( )획.
민 엄 호 언덕 **한**	
	厄:재앙 **액** 厚:두터울 **후** 原:근원 **원** 厥:그 **궐**

厶	厶 부수 0획, 총 2획. ( )부수 ( )획, 총 ( )획.
마늘 모 사사로울 **사**	
	去:갈 **거** 參:석 **삼**/참여할 **참**

又	又 부수 0획, 총 2획. ( )부수 ( )획, 총 ( )획.
또 손 **우**	
	及:미칠 **급** 反:돌이킬 **반** 友:벗 **우** 取:취할 **취**

口	口 부수 0획, 총 3획. ( )부수 ( )획, 총 ( )획.
입 **구**	
	可:옳을 **가** 古:예 **고** 右:오른 **우** 同:한가지 **동**

○ 핵심정리장 7　　　　　　　　　　　　　　　　🔽 자세히 읽어 보세요.

자원풀이 및 핵심정리

큰입구몸
에울　위

빙 두루 돌려 다시 합해지도록 '에워싼다' 는 뜻의 자.

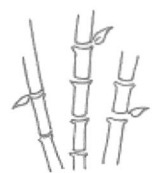 

흙　토

대체로 싹이 돋아나는 곳이 '흙' 이라는 뜻의 자.

 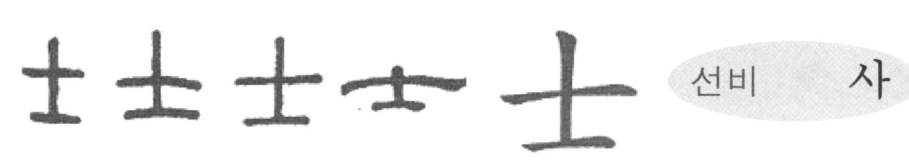

선비　사

하나를 듣고 열을 알기 때문에 능히 일을 맡을 수 있는 사람이 곧 '선비' 라는 뜻의 자.
　※ 士(선비 사), 土(흙 토).

뒤처져올 치

　사람의 두 다리는 걸을 때 번갈아 가며 한쪽 다리는 다른 한쪽 다리보다
항상 '뒤처져온다' 는 뜻의 자.

 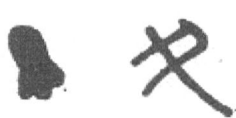 

천천히걸을 쇠발

　손으로 지팡이를 짚거나 끌고 가야 하므로 두 다리는 자연히
'천천히 걷게 된다' 는 뜻의 자.

월   일 【시 간】   ~

부수-7

口 큰 입 구 몸 에울 위	口 부수 0획, 총 3획.　　　(　　)부수(　　)획, 총(　　)획.
	四:넉 사　囚:가둘 수　因:인할 인　國:나라 국

土 흙 토	土 부수 0획, 총 3획.　　　(　　)부수(　　)획, 총(　　)획.
	在:있을 재　地:땅 지　坐:앉을 좌　堂:집 당　執:잡을 집

士 선비 사	士 부수 0획, 총 3획.　　　(　　)부수(　　)획, 총(　　)획.
	壯:씩씩할 장　壹:한 일　壽:목숨 수

夂 뒤처져올 치	夂 부수 0획, 총 3획.　　　(　　)부수(　　)획, 총(　　)획.
	変:변할 변

夊 천천히걸을쇠발	夊 부수 0획, 총 3획.　　　(　　)부수(　　)획, 총(　　)획.
	夏:여름 하

○ 핵심정리장 8   ⬇ 자세히 읽어 보세요.

자원풀이 및 핵심정리

저녁 석

땅거미가 지기 시작하거나 초승달의 빛이 반쯤 땅에 비추는 어둑한 때인
초 '**저녁**' 을 나타낸 자.

큰 대

어른이 양팔을 벌리고 선 모습이 '**크다**' 는 뜻의 자.

계집 녀
여자 녀
딸 녀

항상 두 손을 포개고 무릎은 여미며 고요히 앉아 있는
'**여자**' 의 모습을 나타낸 자.

아들 자
자식(아이) 자
씨 자

포대기 안에 있는 '**자식(아이)**' 의 모양을 본뜬 자.

갓머리
집 면

동서남북 네 면에 담장이 있고 위에 덮개가 있는 '**집**' 의 모양을 본뜬 자.

부수-8

夕 저녁 석	夕 부수 0획, 총 3획. ( )부수 ( )획, 총 ( )획.
	外:바깥(밖) **외** 夜:밤 **야** 夢:꿈 **몽**

大 큰 대	大 부수 0획, 총 3획. ( )부수 ( )획, 총 ( )획.
	夫:사내 **부** 天:하늘 **천** 央:가운데 **앙** 夷:오랑캐 **이**

女 계집 여자 딸 녀녀녀	女 부수 0획, 총 3획. ( )부수 ( )획, 총 ( )획.
	好:좋을 **호** 始:비로소 **시** 委:맡길 **위** 妻:아내 **처**

子 아들 자식 씨 자자자	子 부수 0획, 총 3획. ( )부수 ( )획, 총 ( )획.
	字:글자 **자** 存:있을 **존** 孝:효도 **효** 學:배울 **학**

宀 갓머리 집 면	宀 부수 0획, 총 3획. ( )부수 ( )획, 총 ( )획.
	守:지킬 **수** 安:편안할 **안** 宙:하늘 **주** 家:집 **가**

○ 핵심정리장 9 　　　　　　　　　　🔽 자세히 읽어 보세요.

자원풀이 및 핵심정리
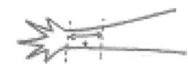 ㅋ ㅋ 寸 寸　　마디 / 한치　촌
손목에서 맥박이 뛰는 데까지의 사이, 또는 손가락의 한 '**마디**'라는 뜻의 자로, 길이단위인 '**한치**', '**시각**', '**촌수**' 등의 뜻으로도 쓰임.
 川 ∭ ∭ 小 小　　작을　소
가운데가 나뉘어 둘로 되니 더욱 '**작아졌다**'는 뜻의 자.
 犮 尢　　절름발이 왕
오른쪽 다리가 굽은 사람의 걸음걸이가 절뚝거리니 곧 '**절름발이**'라는 뜻의 자.
 ㇠ ㇌ ㄹ ㄹ 尸　　주검 시엄 / 시체　시
사람의 몸이 고꾸라져 누운 뒤 영원히 일어나지 못하니 곧 '**주검**'이라는 뜻의 자.
 ㄚ Y Ψ 屮　　왼손 / 싹날　좌/철
초목의 '**싹이 나는**' 모습을 나타낸 자.

부수-9   월   일 【시간】   ~

寸 마디 한치 촌촌	寸 부수 0획, 총 3획.　(　)부수 (　)획, 총 (　)획.
	寺:절 사　　將:장수 장　　專:오로지 전　　尋:찾을 심

小 작을 소	小 부수 0획, 총 3획.　(　)부수 (　)획, 총 (　)획.
	少:적을 소/젊을 소　　尖:뾰족할 첨　　尙:오히려 상

尢 절름발이 왕	尢 兀 允 부수 0획, 총 3획.　(　)부수 (　)획, 총 (　)획.
	尤:더욱 우　　就:나아갈 취

尸 주검시엄 시체 시	尸 부수 0획, 총 3획.　(　)부수 (　)획, 총 (　)획.
	尹:다스릴 윤　　尺:자 척　　尾:꼬리 미　　屬:붙을 속

屮 왼손 좌 싹날 철	屮 부수 0획, 총 3획.　(　)부수 (　)획, 총 (　)획.
	屯:모일 둔

○ 핵심정리장 10　　　　　　　　　　　　　　🔻 자세히 읽어 보세요.

자원풀이 및 핵심정리

 쓰 ㅆ 山 山 山  메(뫼·산) 산

우뚝 솟은 '산' 모양을 본뜬 자.

 州 川 川 川 巛  개미허리 내 천

큰물이 길게 흘러가는 '내' 의 모양을 본뜬 자.

 舌工 工 ㅍ 工　장인　공
　　　　　　　　　　　　솜씨좋을　공

일을 하면 기준에 맞고 먹줄 놓은 것처럼 곧고 발라서 물건 등을 만들어내는 솜씨가 있는 사람을 '장인' 이라고 한다는 뜻의 자.

 ㄹ ㄹ 王 ㄹ 己  몸　기
　　　　　　　　　　　　　　　　　　　배　기

사람의 '배' 모양을 본떴으며, 곧 자기의 '몸' 을 나타낸 자.
　※ 己(몸 기), 已(이미 이), 巳(뱀 사).

 巾 巾 巾 巾 巾 巾  수건　건

사물을 덮고도 그 끝이 아래로 드리운 '수건' 의 모양을 본뜬 자.

부수-10 　　　　　　　월　　　일 【시간】　　　～

山 메(뫼·산) 산	山 부수 0획, 총 3획. ( )부수 ( )획, 총 ( )획.				
	岸:언덕 안　岳:큰산 악　島:섬 도　崇:높일 숭				

巛 개미허리 내 천	巛 川 부수 0획, 총 3획. ( )부수 ( )획, 총 ( )획.				
			川		
			내 천		
	州:고을 주　巡:순행할 순　巢:새집 소				

工 장인 공 솜씨좋을 공	工 부수 0획, 총 3획. ( )부수 ( )획, 총 ( )획.				
	巨:클 거　巧:공교로울 교　左:왼 좌　差:어긋날 차				

己 몸 기 배 기	己 부수 0획, 총 3획. ( )부수 ( )획, 총 ( )획.				
	巳:뱀 사　已:이미 이　巷:거리 항				

巾 수건 건	巾 부수 0획, 총 3획. ( )부수 ( )획, 총 ( )획.				
	市:저자(시장) 시　帥:장수 수　師:스승 사　帶:띠 대				

○ 핵심정리장 11   ⬇ 자세히 읽어 보세요.

자원풀이 및 핵심정리

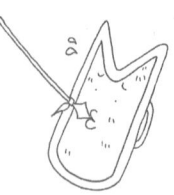 방패 간
범할 간

'방패'의 모양을 본뜬 자로, 방패를 창이나 화살로 뚫었으니 곧 방패의 고유 기능을 '범하다'란 뜻의 자.

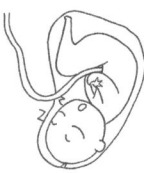 작을 요

아이가 처음 생긴 때는 아주 '작은' 모양이라는 뜻의 자이며, 絲(실 사)의 반은 糹(실사변)이고 糹의 반은 幺가되어 가늘어 '작거'나 은밀히 숨는다는 뜻도 있음.

 엄호
집 엄

언덕진 바위 위에 지은 아래는 넓고 위는 뾰족한 '집'의 모양을 본뜬 자.

 민책받침
길게걸을 인

발걸음이 연이어 끊어지지 않게 '길게걷는다'는 뜻의 자.

 스물입발
두손공손히할 공

좌우의 손을 모아 '두 손을 공손히 한다'는 뜻의 자.

부수-11

월   일 【시 간】   ~

干 방패 범할 간	干 부수 0획, 총 3획.　　　(　　)부수 (　　)획, 총 (　　)획.
	平:평평할 평　　年:해 년　　幸:다행 행　　幹:줄기 간

幺 작을 요	幺 부수 0획, 총 3획.　　　(　　)부수 (　　)획, 총 (　　)획.
	幼:어릴 유　　幽:그윽할 유　　幾:몇 기

广 엄호 집 엄	广 부수 0획, 총 3획.　　　(　　)부수 (　　)획, 총 (　　)획.
	床:평상 상　　度:법도 도/헤아릴 측　　庭:뜰 정

廴 민책받침 길게걸을 인	廴 부수 0획, 총 3획.　　　(　　)부수 (　　)획, 총 (　　)획.
	延:끌 연　　廷:조정 정　　建:세울 건　　廻:돌 회

廾 스물입발 두손공손히할 공	廾 부수 0획, 총 3획.　　　(　　)부수 (　　)획, 총 (　　)획.
	弁:고깔 변　　弄:희롱할 롱　　弊:폐단 폐

○ 핵심정리장 12   ⬇ 자세히 읽어 보세요.

자원풀이 및 핵심정리

 弋弋弋弋 주살 익 / 말뚝 익

나무의 '말뚝' 모양을 나타낸 자로, 뾰족한 나무에 끈을 매 '주살' 로 사용한다는 뜻도 있음.

 弓弓弓弓弓 활 궁

보관하기 위해 시위(활줄)를 풀어놓은 '활' 의 모양을 본뜬 자.

 ㅗ ㅋ 튼가로왈 / 돼지머리 계

위는 뾰족하고 얼굴 부분이 큰 '돼지머리' 의 모양을 본뜬 자.
☞ 변형 부수자는 ㅋ · ㅗ(튼가로왈)임.

 彡彡 彡 터럭 삼 / 그릴 삼

붓 '털' 로 똑같지 않게 꾸며 '그린' 무늬를 본뜬 자.

 彳 彳 두인변 / 조금걸을 척

넓적다리·정강이·발의 세 곳이 붙어 서로 연결된 모습을 본뜬 자로, 行(다닐 행)의 반으로 움직임을 작게 하여 '조금걷는다' 는 뜻의 자.

부수-12

월 일 【시간】   ~

弋	弋 부수 0획, 총 3획.	( )부수 ( )획, 총 ( )획.
주살 익 말뚝 익	式:법 식 弒:죽일 시	

弓	弓 부수 0획, 총 3획.	( )부수 ( )획, 총 ( )획.
활 궁	引:끌 인 弗:아닐 불 弟:아우 제 弱:약할 약	

크	ㄱ ㅋ 彑 부수 0획, 총 3획.	( )부수 ( )획, 총 ( )획.
튼 가로 왈 돼지머리 계	彗:비 혜 彘:돼지 체 彙:무리 휘 彝:떳떳할 이	彑

彡	彡 부수 0획, 총 3획.	( )부수 ( )획, 총 ( )획.
터럭 삼 그릴 삼	形:형상 형 彦:선비 언 彬:빛날 빈 彩:채색 채	

彳	彳 부수 0획, 총 3획.	( )부수 ( )획, 총 ( )획.
두인변 조금걸을 척	往:갈 왕 後:뒤 후 德:덕 덕 徹:통할 철	

○ 핵심정리장 13　　　　　　　　　　🔽 자세히 읽어 보세요.

자원풀이 및 핵심정리

  心　　마음　심

사람 몸속에 있는 염통 모양을 본뜬 자로, 염통은 몸의 가운데 있으며 또 공허하고 밝은 불의 장기가 돼 '마음'의 바탕이 된다는 뜻의 자.

　　戈　　창　과

자루 달린 '창'의 모양을 대략 본뜬 자.

　　戶　　지게(한짝문)호
집　호

집의 실내에 설치한 '한짝문(지게)'의 모양을 본뜬 자.

　　手　　손　수

대개 손바닥 및 다섯 손가락을 펴고 있는 '손'의 모양을 본뜬 자.

　　支　　지탱할　지
줄　지

손으로 대나무 가지를 떼어내고 장대를 만들어 '지탱해주는' 버팀목의 모양을 본뜬 자.

부수-13   월   일 【시 간】   ~

心 마음 심	心 忄 㣺 부수 0획, 총 4획. ( )부수 ( )획, 총 ( )획.
	忄 마음 심 / 㣺 심방변
	必:반드시 필 忠:충성 충 性:성품 성 恭:공손할 공

戈 창 과	戈 부수 0획, 총 4획. ( )부수 ( )획, 총 ( )획.
	戊:다섯째천간 무 戍:수자리 수 戌:개 술 成:이룰 성

戶 지게(한짝문) 호 집 호	戶 부수 0획, 총 4획. ( )부수 ( )획, 총 ( )획.
	房:방 방 所:바 소

手 손 수	手 부수 0획, 총 4획. ( )부수 ( )획, 총 ( )획.
	扌 재방변 / 손수변
	承:이을 승 掌:손바닥 장 才:재주 재 投:던질 투

支 지탱할 지 줄 지	支 부수 0획, 총 4획. ( )부수 ( )획, 총 ( )획.
	攲:기울어질 기 𧾷:길 심

47

○ 핵심정리장 14　　　　　　　　　　　　　🔽 자세히 읽어 보세요.

자원풀이 및 핵심정리

칠　복

점을 보며 손으로 가볍게 '치는' 모습을 나타낸 자.
☞ 변형 부수자는 攵(등글월문)임.
☞ 등은 等(같을 등)이니, 攵의 생김새가 글월문(文)과 비슷하다는 뜻이다.

글월　문
무늬　문

교차되게 그은 '무늬' 라는 뜻의 자로, 문장의 '글월' 도 그런 의미로 엮는다는 뜻.

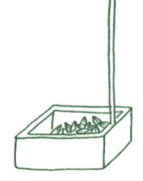 

말　두

곡식 등의 용량을 재는 그릇은 자루 달린 '말' 의 모양을 본뜬 자.

근　근
도끼　근

'도끼' 날의 모양을 본뜬 자로, 도끼는 무게를 다는 '근' 단위의 뜻도 있음.

모　방
방향　방

아울러 맨 두 척의 배를 가로로 본 모양을 본뜬 자로, '모' 난 부분이
어디로든 향하는 '방향' 이 있다는 뜻의 자.

부수-14

월   일 【시 간】   ~

支	攴 攵 부수 0획, 총 4획.　　(　　)부수 (　　)획, 총 (　　)획.		
칠 복		攵 등글월문	
	敲:두드릴 고　改:고칠 개　放:놓을 방　敎:가르칠 교		

文	文 부수 0획, 총 4획.　　(　　)부수 (　　)획, 총 (　　)획.		
글월 무늬 문			
	斑:얼룩질 반　斐:문채날 비		

斗	斗 부수 0획, 총 4획.　　(　　)부수 (　　)획, 총 (　　)획.		
말 두			
	料:헤아릴 료　斜:비낄 사　斡:주선할 알		

斤	斤 부수 0획, 총 4획.　　(　　)부수 (　　)획, 총 (　　)획.		
근 도끼 근			
	斥:내칠 척　斯:이 사　新:새 신　斷:끊을 단		

方	方 부수 0획, 총 4획.　　(　　)부수 (　　)획, 총 (　　)획.		
모 방향 방			
	於:어조사 어　施:베풀 시　旅:나그네 려　族:겨레 족		

49

○ 핵심정리장 15　　　　　　　　　　　　　　⬇ 자세히 읽어 보세요.

자원풀이 및 핵심정리

 无 无 无　　없을　무

하늘(天)의 몸체가 산이 울퉁불퉁한 서북쪽으로 기울여 둥긂이
'**없음**'을 나타낸 자.

 日 日 日 日 日　　해　일 / 날　일

흑점이 있는 '**해**'의 모양을 본뜬 자로, 해가 뜨고 지는
하루인 '**날**'을 뜻하기도 함.

 日 日 日 日 日　　가로(말할)　왈

입을 벌리고 입김을 내며 '**말한다**'는 뜻의 자.

 ⅅ ⅅ ⅅ 月 月　　달　월

초승 '**달**'의 모양을 본뜬 자.

 ✶ ✶ ✶ 木 木　　나무　목

땅에 뿌리를 내리고 가지를 치며 자라는 '**나무**'의 모양을 본뜬 자.

50

부수-15

월   일 【시간】   ~

无 없을 무	无 부수 0획, 총 4획.	( )부수 ( )획, 총 ( )획.
	既:이미 기	

日 해 날 일일	日 부수 0획, 총 4획.	( )부수 ( )획, 총 ( )획.
	旬:열흘 순 明:밝을 명 春:봄 춘 晝:낮 주	

曰 가로(말할) 왈	曰 부수 0획, 총 4획.	( )부수 ( )획, 총 ( )획.
	曲:굽을 곡 更:고칠 경/다시 갱 書:글 서 會:모일 회	

月 달 월	月 부수 0획, 총 4획.	( )부수 ( )획, 총 ( )획.
	有:있을 유 朗:밝을 랑 望:바랄 망 朝:아침 조	

木 나무 목	木 부수 0획, 총 4획.	( )부수 ( )획, 총 ( )획.
	末:끝 말 東:동녘 동 李:오얏 리 栗:밤 률 栽:심을 재	

○ 핵심정리장 16　　　　　　　　　　　　　⬇ 자세히 읽어 보세요.

자원풀이 및 핵심정리

 欠　　하품　흠

사람이 머리를 쳐들고 입기운을 내며 '하품' 하는 모습을 나타낸 자.

 止　　그칠　지 / 발　지

사람의 발가락을 강조한 '발' 의 모양을 본뜬 자.

 歹　　죽을사변 / 뼈앙상할　알

살을 발라 내니 '뼈가 앙상하다' 는 뜻의 자.
※ 歹 = 歺

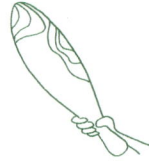 殳　　갖은등글월문 / 몽둥이　수

사람을 격리하여 단절시키려고 손에 긴 '몽둥이' 를 잡고 있다는 뜻의 자.
※ 갖은이란 말은 '획을 더 많게 한다' 는 의미가 있음.

 毋　　말　무

부드럽고 연약한 여자를 압박하여 간사하게 하려는 사람을 한결같이 그렇게 하지 '말' 도록 금지한다는 뜻의 자.

월   일 【시간】   ~

부수-16

欠 하품 흠	欠 부수 0획, 총 4획.	( )부수 ( )획, 총 ( )획.
	次:버금 차 欲:하고자할 욕 欺:속일 기 歌:노래 가	

止 그칠/발 지	止 부수 0획, 총 4획.	( )부수 ( )획, 총 ( )획.
	正:바를 정 步:걸음 보 武:굳셀 무 歸:돌아올 귀	

歹 죽을사변 뼈앙상할 알	歹 歺 부수 0획, 총 4획.	( )부수 ( )획, 총 ( )획.
	死:죽을 사 殃:재앙 앙 殆:위태로울 태 殊:다를 수	

殳 갖은등글월문 몽둥이 수	殳 부수 0획, 총 4획.	( )부수 ( )획, 총 ( )획.
	段:층계 단 殺:죽일 사/줄일 쇄 毁:헐 훼	

毋 말 무	毋 부수 0획, 총 4획.	( )부수 ( )획, 총 ( )획.
	母:어머니 모 每:매양 매 毒:독할 독	

53

○ 핵심정리장 17   ⬇ 자세히 읽어 보세요.

자원풀이 및 핵심정리
 比 　견줄 비 / 나란할 비
서로 친밀한 두 사람이 '**나란히**' 서서 서로 '**견주어본다**'는 뜻의 자.
 毛 　털 모
사람의 눈썹·머리털, 또는 짐승 등의 '**털**' 모양을 본뜬 자.
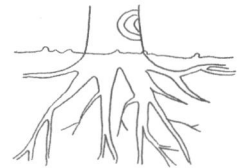 氏 　뿌리 씨 / 각시 씨
땅 위로는 움이 되고 땅 아래로는 '**뿌리**'가 되는 나무의 밑동을 뜻한 자.
 气 　기운 기 엄
구름의 모양과 같이 산천에서 처음 나오는 '**기운**'의 모습을 본뜬 자.
 水 　물 수
흘러가는 '**물**'의 모양을 본뜬 자. ☞ 변형 부수자는 氵(삼수변)임.

부수-17

比 견줄/나란할 비 비	比 부수 0획, 총 4획.	( )부수 ( )획, 총 ( )획.
	毗:도울 비　玭:삼갈 비	

毛 털 모	毛 부수 0획, 총 4획.	( )부수 ( )획, 총 ( )획.
	毫:가는털 호	

氏 뿌리/각시 씨	氏 부수 0획, 총 4획.	( )부수 ( )획, 총 ( )획.
	民:백성 민　氓:백성 맹	

气 기운기 엄	气 부수 0획, 총 4획.	( )부수 ( )획, 총 ( )획.
	氣:기운 기	

水 물 수	水 氵氺 부수 0획, 총 4획.	( )부수 ( )획, 총 ( )획.
		氵 삼수변　氺 물 수
	永:길(오랠) 영　求:구할 구　泉:샘 천　泰:클 태　江:강 강	

○ 핵심정리장 18　　　　　　　　　　　　　　　　⬇ 자세히 읽어 보세요.

자원풀이 및 핵심정리

 　불　화

활활 타오르는 '불' 꽃의 모양을 본뜬 자.
☞ 변형 부수자는 灬(연화발)임.

　손톱(발톱) 조

새 부류의 '발톱' 모양을 본뜬 자.
※ 爪 = 爫

　아비(아버지) 부
　　　　　　　　　남자어른 보

손에 회초리를 들고서 아이들을 인도하고 가르치는 '아비' 란 뜻의 자.

　효 효
　　　　점괘 효

『주역(周易)』이란 책 속의 여섯 개의 '효' 가 거듭되어 교차하여 서로 합해지거나 하여 얻은 '점괘' 를 뜻한 자.

　장수장변
　　　　　　나무조각 장

쪼갠 '나무조각' 의 모양을 본뜬 자.

부수-18

火 불 화	火 灬 부수 0획, 총 4획.　　　(　)부수(　)획, 총(　)획. 　　　　　　　　　　　　　　　灬 　　　　　　　　　　　　　연화발 災:재앙 재　炭:숯 탄　營:경영할 영　然:그럴 연	
爪 손톱(발톱) 조	爪 爫 부수 0획, 총 4획.　　　(　)부수(　)획, 총(　)획. 　　　　　　　　　　　　　爫 爭:다툴 쟁　爲:할 위　爵:벼슬 작　爰:이에 원	
父 아비(아버지) 부 남자어른 보	父 부수 0획, 총 4획.　　　(　)부수(　)획, 총(　)획. 爺:아비 야	
爻 효 효 점괘	爻 부수 0획, 총 4획.　　　(　)부수(　)획, 총(　)획. 爽:시원할 상　爾:너 이	
爿 장수장변 나무조각 장	爿 부수 0획, 총 4획.　　　(　)부수(　)획, 총(　)획. 牀:평상 상　牆:담 장	

○ 핵심정리장 19　　　　　　　　　　　　　　⬇ 자세히 읽어 보세요.

자원풀이 및 핵심정리

 片　조각　편

나무를 가운데로 쪼개어 생긴 '조각'의 모양을 본뜬 자.

 牙　어금니　아

턱 속에 있는 위와 아래가 서로 맞물린 '어금니'의 모양을 본뜬 자.

 牛　소　우

'소'의 뒷모습을 본뜬 자.

 犬　개　견

앞발을 들고 짖어대는 '개'의 모양을 본뜬 자.

 玄　검을　현

하늘빛은 '검으면서' 붉다는 뜻의 자.

부수-19

월   일 【시 간】   ~

片 조각 편	片 부수 0획, 총 4획.　　　(　　)부수 (　　)획, 총 (　　)획.
	版:판목 판　牌:패 패

牙 이금니 아	牙 부수 0획, 총 4획.　　　(　　)부수 (　　)획, 총 (　　)획.
	撑:버팀목 탱

牛 소 우	牛 牜 부수 0획, 총 4획.　　　(　　)부수 (　　)획, 총 (　　)획.
	牜　소 우 변
	牧:칠(기를) 목　物:만물 물　特:특별할 특　牽:끌 견

犬 개 견	犬 犭 부수 0획, 총 4획.　　　(　　)부수 (　　)획, 총 (　　)획.
	犭　개사슴록변
	狀:문서 장/형상 상　獄:감옥 옥　犯:범할 범

玄 검을 현	玄 부수 0획, 총 5획.　　　(　　)부수 (　　)획, 총 (　　)획.
	玆:검을 자　率:거느릴 솔/비율 률

○ 핵심정리장 20

자원풀이 및 핵심정리

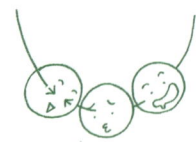 主 王 王 玉 玉  구슬 옥

색이 빛나고 소리가 펴 드날리고 바탕이 깨끗한 아름다운 돌이
'구슬'이라는 뜻의 자로, 세 개의 구슬을 한 줄로 꿴 모습을 본뜸.
☞ 변형 부수자는 王 (구슬옥변 = 임금 왕)임.

 瓜 瓜 瓜 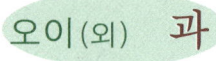 오이(외) 과

땅 위에 덩굴로 나서 맺은 열매를 통틀어 '외'라고 한다는 뜻의 자로,
'오이' 덩굴의 모양을 본뜸.
※ 瓜(오이 과), 爪(손톱 조)

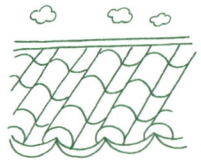  瓦 기와 와

지붕 위에 얹는 '기와'의 모양을 본뜬 자.

 日 日 甘 甘 甘  달 감

입에 머금어 좋은 것은 '단' 맛이라는 뜻의 자.

 丫 坐 坐 生 生 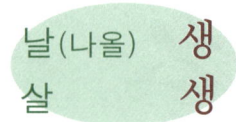 날(나올) 생
살 생

풀싹이 땅을 뚫고 '나오는' 모양을 본뜬 자.

부수-20　　　　　　　　　월　　　일【시간】　　　　～

玉 구슬 옥	玉 王 부수 0획, 총 5획.　　　(　　)부수 (　　)획, 총 (　　)획.
	王 구슬옥변 임금 왕
	珉:옥돌 민　　班:나눌 반　　理:다스릴 리　　琴:거문고 금

瓜 오이(외) 과	瓜 부수 0획, 총 5획.　　　(　　)부수 (　　)획, 총 (　　)획.
	瓠:박 호　　瓢:표주박 표　　瓣:외씨 판

瓦 기와 와	瓦 부수 0획, 총 5획.　　　(　　)부수 (　　)획, 총 (　　)획.
	瓷:사기그릇 자　　甄:질그릇 견　　甕:독(단지) 옹

甘 달 감	甘 부수 0획, 총 5획.　　　(　　)부수 (　　)획, 총 (　　)획.
	甚:심할 심

生 날(나올) 생 살 생	生 부수 0획, 총 5획.　　　(　　)부수 (　　)획, 총 (　　)획.
	産:낳을 산　　甥:생질(외손자) 생

○ 핵심정리장 21　　　　　　　　　　　　　⬇ 자세히 읽어 보세요.

자원풀이 및 핵심정리

쓸　용

어떤 일을 시행함에 거북점으로 그 일을 점쳐서 들어맞으면 점을
받들어 시행하여 '썼다' 는 뜻의 자.

밭　전

농지의 경계가 방정(方正)하고 길과 도량이 사방으로 통하도록
만들어진 '밭' 의 모양을 본뜬 자.

필　필
다리　소

사람의 몸에서 무릎 아래 종아리로부터 그 아래의 '다리' 부분의 모양을 본뜬 자.
　※ 필(疋)은 일정한 길이로 짠 피륙을 세는 단위임.

병 질 엄
병들　녁

사람이 침상에 의지하여 휴양하거나 '병' 을 고친다는 뜻의 자.

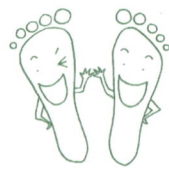 

필발머리
등질　발

발의 움직임과 그침이 자유롭지 못하여 그 걸어감에 나아가지 못한
상태인 두 발이 서로 '등진' 모양을 나타낸 자.

부수-21　　　　　　　　　　월　　　일　【시　간】　　　　　～

用 쓸 용	用 부수 0획, 총 5획.　　　（　　）부수（　　）획, 총（　　）획.
	甫:클 보

田 밭 전	田 부수 0획, 총 5획.　　　（　　）부수（　　）획, 총（　　）획.
	男:사내 남　畓:논 답　畜:가축 축　畫:그림 화/그을 획

疋 필 필 다리 소	疋 부수 0획, 총 5획.　　　（　　）부수（　　）획, 총（　　）획.
	疏:성길 소/적을 소　疑:의심할 의

疒 병질엄 병들 녁	疒 부수 0획, 총 5획.　　　（　　）부수（　　）획, 총（　　）획.
	病:병들 병　症:증세 증　疾:병 질

癶 필발머리 등질 발	癶 부수 0획, 총 5획.　　　（　　）부수（　　）획, 총（　　）획.
	登:오를 등　發:필 발

○ 핵심정리장 22   자세히 읽어 보세요.

자원풀이 및 핵심정리

흰　백
아뢸　백

지평선 위로 아직 나오지 않은 해의 빛은 항상 '희다'는 뜻의 자.

가죽　피
가죽　비

손으로 짐승의 털 달린 '가죽'을 벗기는 모습을 나타낸 자.
　※ '털을 제거한 가죽'은 革(가죽 혁)임.

  그릇　명

음료수나 먹는 물건을 담는 '그릇'의 모양을 본뜬 자.

  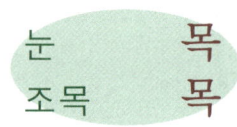
눈　목
조목　목

눈두덩은 외곽선으로 눈동자는 내부의 선으로 나타낸 '눈'의 모양을 본뜬 자.

   창　모

깃의 꾸미개를 매달아 세워 놓은 '창'의 모양을 본뜬 자.

64

월   일 【시 간】   ~

부수-22

白 흰 백 아뢸 백	白 부수 0획, 총 5획.	( )부수 ( )획, 총 ( )획.
	百:일백 **백** 的:과녁 **적** 皆:다 **개** 皇:임금 **황**	

皮 가죽 피 가죽 비	皮 부수 0획, 총 5획.	( )부수 ( )획, 총 ( )획.
	皴:주름 **준** 皺:주름살 **추**	

皿 그릇 명	皿 부수 0획, 총 5획.	( )부수 ( )획, 총 ( )획.
	益:더할 **익** 盜:도둑 **도** 盛:성할 **성** 盡:다할 **진**	

目 눈 목 조목 목	目 부수 0획, 총 5획.	( )부수 ( )획, 총 ( )획.
	直:곧을 **직** 眞:참 **진** 看:볼 **간** 相:서로 **상** 眼:눈 **안**	

矛 창 모	矛 부수 0획, 총 5획.	( )부수 ( )획, 총 ( )획.
	矜:자랑할 **긍**	

○ 핵심정리장 23　　　　　　　　　　　　　　⬇ 자세히 읽어 보세요.

자원풀이 및 핵심정리

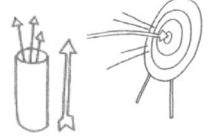 　夫 矢　　화살　시

활이나 쇠뇌를 쏠 때 사용하는 '**화살**'이라는 뜻의 자.

 　石　　 돌　석

바위 언덕 아래의 '**돌**' 모양을 본뜬 자.

 　示　　보일　시

하늘이 해·달·별의 변동함을 나타내 사람들에게 길함을 향하고 흉함을 피하도록 '**보인다**'는 뜻의 자.
☞ 변형 부수자는 礻(보일시변)임.

 　内　　짐승발자국　유

땅을 밟고 지나가 자취가 남아 있는 '**짐승발자국**'의 모양을 본뜬 자.

 　 禾　　 벼　화

이미 열매를 맺어 고개 숙인 '**벼**'의 모양을 본뜬 자.

66

부수-23

矢 화살 시

矢 부수 0획, 총 5획.　　　( )부수 ( )획, 총 ( )획.

矣:어조사 의　知:알 지　矩:법 구　短:짧을 단

石 돌 석

石 부수 0획, 총 5획.　　　( )부수 ( )획, 총 ( )획.

研:갈 연　硯:벼루 연　碧:푸를 벽　磨:갈 마

示 보일 시

示 부수 0획, 총 5획.　　　( )부수 ( )획, 총 ( )획.

보일시변

社:모일 사　神:귀신 신　祭:제사 제　票:표 표

内 짐승발자국 유

内 부수 0획, 총 5획.　　　( )부수 ( )획, 총 ( )획.

禹:하우씨 우　离:밝을 리　禽:날짐승 금

禾 벼 화

禾 부수 0획, 총 5획.　　　( )부수 ( )획, 총 ( )획.

私:사사로울 사　秀:빼어날 수　秋:가을 추　秦:진나라 진

○ 핵심정리장 24　　　　　　　　　　　　　　　⬇ 자세히 읽어 보세요.

자원풀이 및 핵심정리

옛날 사람들이 땅 등을 파헤쳐 집으로 삼았던 '굴(구멍)'의 모양을 본뜬 자.

사람이 몸을 이동하지 않고 땅 위에 '서' 있는 모습을 본뜬 자.

마주서서 잎을 드리운 두 개의 '대나무' 모양을 본뜬 자.

벼 열매의 겉껍질만 벗겨낸 '쌀알'의 모양을 본뜬 자.

누에가 토한 대략 묶은 '실'의 모양을 본뜬 자.
　☞ 糸(실사변)의 본래 글자는 絲(실 사)임.

부수-24

월   일 【시 간】   ~

穴 구멍 혈	穴 부수 0획, 총 5획.		( )부수 ( )획, 총 ( )획.	
	究:궁구할 구 空:빌 공 突:부딪칠 돌 窓:창 창			

立 설 립	立 부수 0획, 총 5획.		( )부수 ( )획, 총 ( )획.	
	竟:마침내 경 競:다툴 경 童:아이 동 端:끝 단			

竹 대 죽	竹 부수 0획, 총 6획.		( )부수 ( )획, 총 ( )획.	
			⺮	
			대죽머리	
	笑:웃을 소 第:차례 제 答:대답할 답 筆:붓 필			

米 쌀 미	米 부수 0획, 총 6획.		( )부수 ( )획, 총 ( )획.	
	粉:가루 분 粟:조 속			

糸 실사변 실 사	糸 부수 0획, 총 6획.		( )부수 ( )획, 총 ( )획.	
			糸	
			실사변	
	絲:실 사 約:대략 약 索:동아줄 삭/찾을 색 縣:고을 현			

○ 핵심정리장 25　　　　　　　　　　　　⬇ 자세히 읽어 보세요.

자원풀이 및 핵심정리

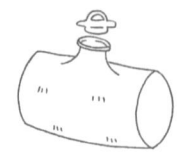 凸 凸 凸 凸 缶　　장군(질장구) 부

큰 배통 · 오무린 아가리 · 편편한 밑바탕 · 뚜껑이 있는 기와 그릇인 '**장군**'의 모양을 본뜬 자.

 网 网 网 网　　그물 망

노끈 등의 실을 교차하여 얽어 짠 '**그물**'의 모양을 본뜬 자.
　☞ 변형 · 생략 부수자는 罒 ⺲ 网 皿 임.

 羊 羊 羊 羊 羊　　양 양

'**양**'의 머리 · 뿔 · 네 발 · 꼬리 등의 모양을 본뜬 자.

 羽 羽 羽　　깃 우 / 날개 우

새의 긴 '**깃**' 또는 두 '**날개**'의 모양을 본뜬 자.

 老 老 老 老 老　　늙을 로

사람의 수염 · 머리카락 등이 나이가 많아질수록 검음으로부터 희게 변화함이 '**늙음**'이라는 뜻의 자.
　☞ 변형 부수자는 耂(늙을로엄)임.

부수-25 월   일 【시간】   ~

缶 장군(질장구) 부	缶 부수 0획, 총 6획.	( )부수 ( )획, 총 ( )획.
	缺:이지러질 결	

网 그물 망	网㓁四罒冈 부수 0획, 총 6획. (罒 四)부수 ( )획, 총 ( )획.	
	罔:없을 망 罕:드물 한 罪:허물 죄	

羊 양 양	羊 부수 0획, 총 6획. ( )부수 ( )획, 총 ( )획.	
	美:아름다울 미 群:무리 군 義:옳을 의	

羽 깃 날개 우	羽 부수 0획, 총 6획. ( )부수 ( )획, 총 ( )획.	
	翁:늙은이 옹 習:익힐 습 翰:붓 한 翼:날개 익	

老 늙을 로	老 耂 부수 0획, 총 6획. ( )부수 ( )획, 총 ( )획.	
	늙을로엄	
	考:상고할 고 者:놈(사람) 자/것 자	

○ 핵심정리장 26   ▼ 자세히 읽어 보세요.

자원풀이 및 핵심정리

 而 말이을 이 / 수염 이

입 위와 턱 밑에 난 뺨의 털인 '수염'의 모양을 본뜬 자.

 耒 쟁기 뢰 / 가래 뢰

굽은 나무로 만들고 그 자루의 끝에 날카로운 쇠를 끼워 밭을 가는 농기구인 '쟁기'의 모양을 본뜬 자.

 耳 귀 이 / ~뿐(따름) 이

소리를 듣는 기관인 '귀'의 모양을 본뜬 자.

 聿 오직 율 / 붓 율

손으로 글씨 쓰는 도구인 '붓'을 쥐고 있는 모습을 나타낸 자.

 肉 고기 육

살결이 있는 큰 덩이의 '고기' 모양을 본뜬 자.
☞ 변형 부수자는 月(육달월변)임.

부수-26

而 말이을 이 / 수염 이	而 부수 0획, 총 6획.　　　(　　)부수 (　　)획, 총 (　　)획.
	耐:견딜 내

耒 쟁기 뢰 / 가래 뢰	耒 부수 0획, 총 6획.　　　(　　)부수 (　　)획, 총 (　　)획.
	耕:밭갈 경　耦:짝 우

耳 귀 이 / ~뿐(따름) 이	耳 부수 0획, 총 6획.　　　(　　)부수 (　　)획, 총 (　　)획.
	聖:성인 성　聞:들을 문　聲:소리 성　聽:들을 청

聿 오직 율 / 붓 율	聿 부수 0획, 총 6획.　　　(　　)부수 (　　)획, 총 (　　)획.
	肆:방자할 사　肅:엄숙할 숙　肇:시작할 조

肉 고기 육	肉 月 부수 0획, 총 6획.　　(　　)부수 (　　)획, 총 (　　)획.
	月 육달월변
	肝:간 간　胡:오랑캐 호　能:능할 능　膚:살갗 부

○ 핵심정리장 27　　　　　　　　　　　　　　⬇ 자세히 읽어 보세요.

자원풀이 및 핵심정리

측면으로 서서 머리를 숙이고 손을 받들어 임금을 모시고 있는 '**신하**' 의 모습을 본뜬 자.

'**코**' 의 모양을 본뜬 자로, 사람이 자신을 말할 때는 간혹은 자기의 코를 '**스스로**' 가리킨다는 뜻도 있음.

 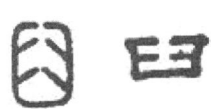  

새가 날아 높은 곳으로부터 곧바로 내려와 땅에 '**이른다**' 는 뜻의 자.

쌀을 넣고 공이를 이용하여 껍질을 벗겨내는 기구인 '**절구**' 의 모양을 본뜬 자.

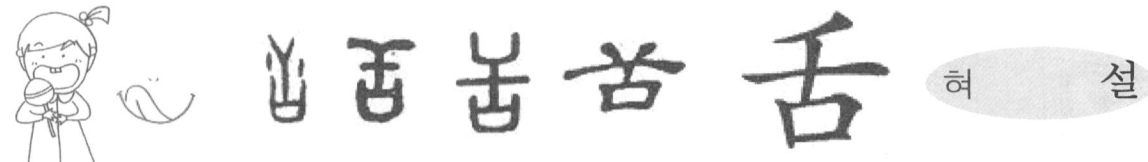

입 안에 있으면서 말하거나 맛을 구별하는 '**혀**' 의 모양을 본뜬 자.

부수-27

臣 신하 신	臣 부수 0획, 총 6획.	( )부수 ( )획, 총 ( )획.
	臥:누울 와 臨:임할 림 臧:착할 장	

自 스스로/코 자	自 부수 0획, 총 6획.	( )부수 ( )획, 총 ( )획.
	臭:냄새 취	

至 이를 지	至 부수 0획, 총 6획.	( )부수 ( )획, 총 ( )획.
	致:다다를 치·이룩할 치 臺:토대 대/대 대	

臼 절구 구	臼 부수 0획, 총 6획.	( )부수 ( )획, 총 ( )획.
	舂:절구질할 용 與:줄 여 興:일어날 흥 舊:옛 구	

舌 혀 설	舌 부수 0획, 총 6획.	( )부수 ( )획, 총 ( )획.
	舍:집 사 舒:펼 서	

◦ 핵심정리장 28　　　　　　　　　　　　⬇ 자세히 읽어 보세요.

자원풀이 및 핵심정리

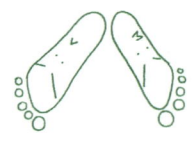　　　어그러질 천

발걸음이 등지고 뒤섞여 있어 발길이 서로 '어그로져있다' 는 뜻을 나타낸 자.

　　　 배　주

물을 건너는 교통 기구인 '배' 의 모양을 본뜬 자.

　　　　　　　　　　　　괘이름　간
　　　　　　　　　　　　　　　　　　　그칠　　간

눈길을 서로 나란히 하여 시선을 한 곳에 '그치게' 한다는 뜻의 자.

　　　　　　　　　　　　빛(빛깔)　색

사람의 마음에 느끼는 것이 있으면 그 기운이 미간에 나타나 마치 부절(符節)을 합한 것 같은 얼굴 '빛' 을 띤다는 뜻의 자.

　　　　　　　　　　　　 풀　초

'풀' 의 싹이 떨기로 나오는 모양을 본뜬 자.
　☞ 변형 부수자는 艹 (초두머리)임.
　※ 艸 = 草

부수-28   월   일 【시 간】   ~

| 舛 어그러질 천 | 舛 부수 0획, 총 6획. | ( )부수 ( )획, 총 ( )획. |
| | 舜:순임금 순   舞:춤출 무 | |

| 舟 배 주 | 舟 부수 0획, 총 6획. | ( )부수 ( )획, 총 ( )획. |
| | 般:옮길 반   航:배로물건널 항   船:배 선 | |

| 艮 괘이름 간 / 그칠 간 | 艮 부수 0획, 총 6획. | ( )부수 ( )획, 총 ( )획. |
| | 良:어질 량   艱:어려울 간 | |

| 色 빛(빛깔) 색 | 色 부수 0획, 총 6획. | ( )부수 ( )획, 총 ( )획. |
| | 艶:고울 염 | |

| 艸 풀 초 | 艸 ⺿ ⺾ 부수 0획, 총 6획. 초두머리 | ( )부수 ( )획, 총 ( )획. |
| | 芻:꼴(먹이풀) 추   花:꽃 화   萬:일만 만   蓮:연 련 | |

77

○ 핵심정리장 29　　　　　　　　　　　　⬇ 자세히 읽어 보세요.

자원풀이 및 핵심정리

　　虍　　범호엄 / 범무늬　호

머리 및 몸통 부분을 대략 본뜬 '범(호랑이)'의 모습을 나타낸 자.

　　　虫　　살무사　훼 / 벌레　충

가느다란 목에 큰 머리를 가진 뱀인 '살무사'의 모양을 나타낸 자로, 사리고 있는 모습이
동물들의 웅크린 자세와 같으므로 그런 동물들을 통틀어 옛날에는 '벌레' 라고 했다는 뜻의 자.
※ 虫 = 蟲

　　血　　 피　혈

그릇 속에 담긴 제사 때 쓰이는 희생 짐승의 '피'를 본뜬 자.
※ 血(피 혈), 皿(그릇 명)

　　　行　　다닐　행 / 항렬　항

사람이 걷거나 달려 '다닌다' 는 뜻의 자.

　　　衣　　 옷　의

사람이 의지하여 몸을 가리는데 쓰이는 것이 '옷' 이라는 뜻의 자.
☞ 변형 부수자는 衤(옷의변)임.
※ 주의 礻(보일시변)

부수-29

虎 범호엄 / 범무늬 호	虎 부수 0획, 총 6획.	( )부수 ( )획, 총 ( )획.
	虎:범(호랑이) 호 號:부르짖을 호 虧:이지러질 휴	

虫 살무사 훼 / 벌레 충	虫 부수 0획, 총 6획.	( )부수 ( )획, 총 ( )획.
	蚊:모기 문 蚤:벼룩 조 蜀:나라이름 촉 蜜:꿀 밀	

血 피 혈	血 부수 0획, 총 6획.	( )부수 ( )획, 총 ( )획.
	衆:무리 중	

行 다닐 행 / 항렬 항	行 부수 0획, 총 6획.	( )부수 ( )획, 총 ( )획.
	術:재주 술 街:거리 가 衝:찌를 충 衛:호위할 위	

衣 옷 의	衣 부수 0획, 총 6획.	( )부수 ( )획, 총 ( )획.
		衤 옷 의 변
	表:거죽 표 裏:속 리 裁:마름질할 재 被:이불 피	

○ 핵심정리장 30　　　　　　　　　　　　⬇ 자세히 읽어 보세요.

자원풀이 및 핵심정리

 两　両　　덮을　아

위로부터 아래로 물건을 감싸 '덮는다' 는 뜻의 자.

 見　見　見　見　見　　볼　견 나타날　현

사람이 눈을 집중하여 '본다' 는 뜻의 자.

 角　角　角　角　角　　뿔　각

짐승의 '뿔' 모양을 나타낸 자.

 言　言　言　言　言　　말씀　언

입안의 혀로부터 곧바로 나오는 '말(말씀)' 이라는 뜻의 자.

 谷　谷　谷　谷　　골(골짜기)　곡

솟아나온 샘물이 냇물을 이뤄 지나가는 두 산 사이의 우묵한 곳이 '골(골짜기)' 이라는 뜻의 자.

부수-30

襾 (덮을 아)
襾 부수 0획, 총 6획.　　(　　)부수 (　　)획, 총 (　　)획.

西:서녘 서　　要:구할 요　　覆:엎을 복

見 (볼 견 / 나타날 현)
見 부수 0획, 총 7획.　　(　　)부수 (　　)획, 총 (　　)획.

規:법 규　　親:친할 친　　覺:깨달을 각　　覽:볼 람

角 (뿔 각)
角 부수 0획, 총 7획.　　(　　)부수 (　　)획, 총 (　　)획.

解:풀 해　　觸:닿을 촉　　觴:술잔 상　　觳:두려워할 곡

言 (말씀 언)
言 부수 0획, 총 7획.　　(　　)부수 (　　)획, 총 (　　)획.

訓:가르칠 훈　　警:경계할 경　　譽:기릴 예　　變:변할 변

谷 (골(골짜기) 곡)
谷 부수 0획, 총 7획.　　(　　)부수 (　　)획, 총 (　　)획.

谿:시내 계　　豁:소통할 활

○ 핵심정리장 31　　　　　　　　　　　　⬇ 자세히 읽어 보세요.

자원풀이 및 핵심정리

 豆　콩　　두
나무그릇　두

옛날에 고기를 담아 먹던 '**나무그릇**'의 모양을 본뜬 자로, 그 그릇의 모양이 콩꼬투리 같이 생겨 '**콩**'의 뜻도 있음.

 豕　돼지　시

'**돼지**'의 머리·네 다리·꼬리의 특징을 본뜬 자.

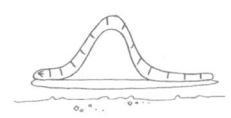  발없는벌레　치
맹수　치

입이 크고 척추가 길어 먹이감을 잘 사냥하여 잡아먹는 '**맹수**'의 모양을 본뜬 자로, 사냥할 때 몸을 낮추고 기회를 엿보다가 구부린 몸을 펴는 모습이 뱀·지렁이 따위의 '**발없는 벌레**'와 같다는 뜻의 자.

 貝　조개　패

등 부분이 높이 일어나고 배 아래가 나뉘어 갈라진 '**조개**'의 모양을 본뜬 자.

  赤　붉을　적

큰 불이 내는 빛은 대략 '**붉은**' 빛이라는 뜻의 자.

부수-31

豆 (콩/나무그릇 두)

豆 부수 0획, 총 7획.　　　(　)부수 (　)획, 총 (　)획.

豈:어찌 기　豊:풍성할 풍

豕 (돼지 시)

豕 부수 0획, 총 7획.　　　(　)부수 (　)획, 총 (　)획.

豚:돼지 돈　象:코끼리 상　豪:호걸 호　豫:미리 예

豸 (발없는벌레/맹수 치)

豸 부수 0획, 총 7획.　　　(　)부수 (　)획, 총 (　)획.

豹:표범 표　貊:종족이름 맥　貌:모양 모

貝 (조개 패)

貝 부수 0획, 총 7획.　　　(　)부수 (　)획, 총 (　)획.

貪:탐낼 탐　買:살 매　賣:팔 매　財:재물 재　貳:두 이

赤 (붉을 적)

赤 부수 0획, 총 7획.　　　(　)부수 (　)획, 총 (　)획.

赦:용서할 사　赫:붉을 혁

○ **핵심정리장 32** ⬇ 자세히 읽어 보세요.

자원풀이 및 핵심정리

 走 달릴 주

다리를 많이 굽혀 앞으로 빨리 '달려' 나간다는 뜻의 자.

  발 족

곧게 서거나 걷거나 달릴 때 그것을 담당하는 몸의 부분인 '발' 의 모양을 본뜬 자.

  몸 신

사람의 온 '몸' 의 모양을 본뜬 자.

 車 수레 거 / 차 차

바퀴와 굴대와 상자 통을 가로로 본 '수레' 의 모양을 본뜬 자.

 辛 매울 신 / 죄 신

윗사람을 찌름은 큰 '죄' 가 되므로, 그 죄의 대가(代:價)는 매우 '맵다' 는 뜻의 자.

부수-32

	走 부수 0획, 총 7획.	( )부수 ( )획, 총 ( )획.
走 달릴 주		
	赴:다다를 **부**　起:일어날 **기**　超:뛰어넘을 **초**	

	足 부수 0획, 총 7획.	( )부수 ( )획, 총 ( )획.
足 발 족 넉넉할 족		﹝足﹞ 발 족 변
	距:떨어질 **거**　路:길 **로**　跡:발자취 **적**　踏:밟을 **답**	

	身 부수 0획, 총 7획.	( )부수 ( )획, 총 ( )획.
身 몸 신		
	躬:몸 **궁**　軀:몸 **구**	

	車 부수 0획, 총 7획.	( )부수 ( )획, 총 ( )획.
車 수레 거 차 차		
	軍:군사 **군**　載:실을 **재**　輝:빛날 **휘**　輿:수레 **여**	

	辛 부수 0획, 총 7획.	( )부수 ( )획, 총 ( )획.
辛 매울 신 죄 신		
	辨:분별할 **변**　辦:힘쓸 **판**　辯:말잘할 **변**　辭:말 **사**	

○ 핵심정리장 33　　　　　　　　　　　　　　⬇ 자세히 읽어 보세요.

자원풀이 및 핵심정리

  辰　　별 별 때　진 신 신

감싸져 있는 양기(陽氣)가 삼월에야 비로소 크게 발산되는 '때'라는
뜻의 자로, 그 때를 알리는 '별'이 미리 나타난다는 뜻도 있음.
　※ 농사에 상서로운 절후를 알리는 별은, 정월 새벽에 나타나는 방성(房星)임.

  쉬엄쉬엄갈 착

가다말다 머뭇거리며 '쉬엄쉬엄간다'는 뜻의 자.
　☞ 변형 부수자는 辶(책받침)임.

  고을 읍

직책을 가지고 지키는 지역이 '고을'이라는 뜻의 자.
　☞ 변형 부수자는 阝(우부방)임.
　※ 주의 - 卩(병부절)

  닭 유　술 유

항아리나 잔속에 '술'이 들어 있는 모양을 본뜬 자로, 십이지지(十二地支)
중에서 10번째인 유(酉)에 해당하는 동물이 '닭'이라는 뜻도 있음.
　※ 십이지지(十二地支) - 60 갑자의 아래 단위를 이루는 요소. 子(자), 丑(축), 寅(인),
　　　卯(묘), 辰(진), 巳(사), 午(오), 未(미), 申(신), 酉(유), 戌(술), 亥(해)를 말함.

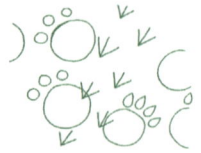  분별할 변　짐승발톱 변

짐승 발자국에 남아 있는 발바닥과 발톱의 모양으로 어느 짐승인지 '분별할'
수 있음을 나타낸 자.

부수-33

월   일 【시 간】   ~

辰 별 별때 진신신	辰 부수 0획, 총 7획.　　(　　)부수(　)획, 총(　)획.
	辱:욕될 욕　農:농사 농
辵辶 쉬엄쉬엄갈 착	辵辶 부수 0획, 총 7획.　　(　　)부수(　)획, 총(　)획.
	책받침
	近:가까울 근　迎:맞을 영　述:지을 술　道:길 도
邑 고을 읍	邑阝 부수 0획, 총 7획.　　(　　)부수(　)획, 총(　)획.
	우부방
	邕:화할 옹　邦:나라 방　郡:고을 군　都:도읍 도
酉 닭 유 술	酉 부수 0획, 총 7획.　　(　　)부수(　)획, 총(　)획.
	配:짝 배　酒:술 주　醉:술취할 취　醫:의원 의
釆 분별할 변 짐승발톱 변	釆 부수 0획, 총 7획.　　(　　)부수(　)획, 총(　)획.
	采:캘 채　釉:잿물 유　釋:풀(해석할) 석/부처(중) 석

○ 핵심정리장 34　　　　　　　　　　　　　　⬇ 자세히 읽어 보세요.

자원풀이 및 핵심정리

 里 里 里 里　　 마을　리

농사나 집을 짓고 살만한 땅이 있는 곳에 세워진 '마을'을 뜻한 자.

 金 金 金 金　　 쇠 돈 성씨　금 금 김

흙 속에 덮여있는 금이나 '쇠' 붙이란 뜻의 자로, 그것은 '돈'으로의 가치가 있어 '귀중하다'는 뜻도 있음.
　※ 성씨로 쓰일 때는 '김'이라고 읽음.

 長 長 長 長　　 길(긴) 어른 기를　장 장 장

수염과 머리카락이 '긴' 노인(어른)의 모습을 본뜬 자.
　※ 長 = 镸

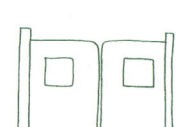 門 門 門 門　　 문  문

두 문짝이 서로 마주하는 '문'의 모양을 본뜬 자.

 阜 阜 阜 阜　　 언덕　부

돌은 없고 흙으로만 층층이 겹쳐진 높고 평평한 '언덕'이란 뜻의 자.
　☞ 변형 부수자는 阝(좌부방변 또는 좌부변)임.
　※ 주의 - 卩(병부절)

부수-34

里 마을 리	里 부수 0획, 총 7획. ( )부수 ( )획, 총 ( )획.
	重:무거울 중 野:들 야 量:헤아릴 량/용량 량

金 쇠 금금김 돈 성씨	金 부수 0획, 총 8획. ( )부수 ( )획, 총 ( )획.
	釜:가마 부 針:바늘 침 釣:낚시 조 鑿:뚫을 착

長 길(긴) 장장장 어른 기를	長 부수 0획, 총 8획. ( )부수 ( )획, 총 ( )획.
	镸:길 오

門 문 문	門 부수 0획, 총 8획. ( )부수 ( )획, 총 ( )획.
	間:사이 간 閉:닫을 폐 開:열 개 閏:윤달 윤

阜 언덕 부	阜阝 부수 0획, 총 8획. ( )부수 ( )획, 총 ( )획.
	阝 좌부변
	防:막을 방 附:붙을 부 限:한정 한 除:덜(제거할) 제

○ 핵심정리장 35　　　　　　　　　　　🔽 자세히 읽어 보세요.

자원풀이 및 핵심정리

 隶 　미칠(이를) 이 / 미칠 대

　손으로 꼬리를 잡고 뒤쫓아가 '미친다'는 뜻의 자.

 隹 　새 추 / 꽁지짧은새 추

　'새' 중에서 '꽁지짧은새'의 모양을 대체로 본뜬 자.

 雨 　비 우

　하늘에 떠 있는 구름 사이로부터 내려오는 물방울이 '비'라는 뜻의 자.

 靑 　푸를 청

　초목이 싹을 틔우기 전의 거죽은 붉으나 자라나면 '푸르다'는 뜻의 자로, 푸름은 젊음과 봄을 나타냄.

 非 　아닐 비

　새의 두 날개가 서로 등진 모양을 했지만 나는데 위배되는 것은 '아니다'라는 뜻의 자.

부수-35

월   일 【시간】   ~

隶	隶 부수 0획, 총 8획.　　　　(　　)부수 (　　)획, 총 (　　)획.
미칠(이를) 이 미칠 대	隷:종 례/글씨체이름 례

隹	隹 부수 0획, 총 8획.　　　　(　　)부수 (　　)획, 총 (　　)획.
새 추 꽁지짧은새 추	雀:참새 작　　雜:섞일 잡　　集:모을 집　　雙:쌍 쌍

雨	雨 부수 0획, 총 8획.　　　　(　　)부수 (　　)획, 총 (　　)획.
비 우	雲:구름 운　　雷:우레 뢰　　電:번개 전　　靈:신령 령

靑	靑 부수 0획, 총 8획.　　　　(　　)부수 (　　)획, 총 (　　)획.
푸를 청	靖:편안할 정　　靜:고요할 정　　靚:단장할 정

非	非 부수 0획, 총 8획.　　　　(　　)부수 (　　)획, 총 (　　)획.
아닐 비	靡:쓰러질 미

○ 핵심정리장 36   ⬇ 자세히 읽어 보세요.

자원풀이 및 핵심정리

   낯(얼굴) 면 / 행정구역 면

사람 머리의 앞쪽 윤곽인 '얼굴'의 모양을 본뜬 자.

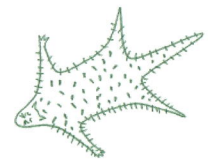  가죽 혁

짐승을 잡아 그 몸을 편편히 펴고 털을 매만져 없앤 날 '가죽'의 모양을 본뜬 자.
※ '털이 그대로 있는 가죽'은 皮(가죽 피)임.

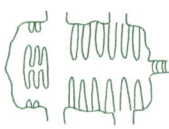  다룸가죽 위 / 에울 위

잡은 짐승의 가죽 전체를 '에워' 싸고 있는 털 등을 빈틈 없이 손질한 '다룸가죽'이란 뜻의 자.

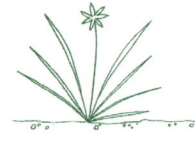 부추 구

한번 심어 잘 관리하면 오래 살아남아 나물을 공급해 주는 '부추'의 모양을 본뜬 자.

  소리 음

마음으로부터 입을 통해 절도(마디)있게 표현되는 '소리'라는 뜻의 자.

부수-36

面 낯(얼굴) 면 / 행정구역 면	面 부수 0획, 총 9획.	( )부수 ( )획, 총 ( )획.			
	靨:보조개 엽				

革 가죽 혁	革 부수 0획, 총 9획.	( )부수 ( )획, 총 ( )획.			
	鞠:기를 국 鞭:채찍 편 鞦:그네 추 韆:그네 천				

韋 다룸가죽 위 / 에울 위	韋 부수 0획, 총 9획.	( )부수 ( )획, 총 ( )획.			
	韓:한국 한 韜:감출 도				

韭 부추 구	韭 부수 0획, 총 9획.	( )부수 ( )획, 총 ( )획.			
	韰:과감할 해				

音 소리 음	音 부수 0획, 총 9획.	( )부수 ( )획, 총 ( )획.			
	韶:아름다울 소 韻:운 운 響:울릴 향				

○ 핵심정리장 37　　　　　　　　　　　　⬇ 자세히 읽어 보세요.

자원풀이 및 핵심정리

 頁　　머리　혈

특히 강조된 사람의 얼굴과 '머리'의 모양을 본뜬 자.

  風　　바람　풍　풍속　풍

날아다니는 벌레가 발산되는 공기의 힘에 휩쓸려서 이동하는 것은 '바람' 때문이라는 뜻의 자.

  飛　　날　비

새가 목털을 떨치고 두 날개를 펼쳐서 공중을 '날고' 있는 모양을 본뜬 자.

  食　　밥　식　먹일　사

여러 곡식의 알을 모아서 익히니 향기로운 냄새가 나며 곧 '밥'이 된다는 뜻의 자.

  首　　머리　수　처음　수

사람의 얼굴·눈썹·눈 등을 본뜨고 머리털까지 포함시켜 '머리'를 강조한 자.

부수-37

頁 머리 혈	頁 부수 0획, 총 9획.	( )부수 ( )획, 총 ( )획.
	頃:잠깐 경　頂:정수리 정　題:제목 제	

風 바람 풍	風 부수 0획, 총 9획.	( )부수 ( )획, 총 ( )획.
	颱:거센바람 태　颺:날릴 양　飄:나부낄 표	

飛 날 비	飛 부수 0획, 총 9획.	( )부수 ( )획, 총 ( )획.
	飜:펄럭일 번/번역할 번	

食 밥 식 먹을 사	食 부수 0획, 총 9획.	( )부수 ( )획, 총 ( )획.
	飢:주릴 기　飮:마실 음　養:기를 양/봉양할 양	

首 머리 처음 수	首 부수 0획, 총 9획.	( )부수 ( )획, 총 ( )획.
	馘:벨 괵	

○ 핵심정리장 38   ▼ 자세히 읽어 보세요.

자원풀이 및 핵심정리

 香 香 香 香   향기 향

기장은 오곡 가운데서 냄새와 맛이 가장 **'향기'**롭다는 뜻의 자.

 馬 馬 馬 馬   말 마

머리·갈기·꼬리·네 발 등이 극도로 건장하고 위엄이 있어 타거나 끄는 일에 쓰이는 동물인 **'말'**의 모양을 본뜬 자.

 骨 骨 骨   뼈 골

살이 감싸고 있는 딱딱한 몸속의 **'뼈'** 모양을 본뜬 자.

 高 高 高 高 高   높을 고

먼 곳의 경계를 **'높은'** 건물에 표시해 보게 한다는 뜻의 자.

 髟 髟 髟   긴털드리울 표

'긴 털이 드리워진' 모양을 본뜬 자.

부수-38

香 향기 향	香 부수 0획, 총 9획.	( )부수 ( )획, 총 ( )획.		
	馥:향기 복　馨:향기로울 형			

馬 말 마	馬 부수 0획, 총 10획.	( )부수 ( )획, 총 ( )획.		
	駐:머무를 주　驗:시험할 험　騰:오를 등　驚:놀랄 경			

骨 뼈 골	骨 부수 0획, 총 10획.	( )부수 ( )획, 총 ( )획.		
	體:몸 체　髓:골수 수			

高 높을 고	高 부수 0획, 총 10획.	( )부수 ( )획, 총 ( )획.		

髟 긴털드리울 표	髟 부수 0획, 총 10획.	( )부수 ( )획, 총 ( )획.		
	髮:터럭 발　髣:비슷할 방　髴:비슷할 불			

○ 핵심정리장 39　　　　　　　　　　🔽 자세히 읽어 보세요.

자원풀이 및 핵심정리

 　싸울　투

두 사람이 각각 하나의 물건을 쥐고 서로 마주하여 '**다툰다**'는 뜻의 자.
　※ 鬥(싸울 **투**), 門(문 문)

    　울창주　창
　기장술　창

대개 검은 기장의 쌀알과 향이 나는 울금초를 그릇에 넣고 빚어 제사 때
국자로 떠 걸러서 쓰는 술이 '**울창주**'라는 뜻의 자.

   　솥　력

무늬 넣은 몸통에 뚜껑도 있고 삶을 수도 있는 세 발 달린 '**솥**'의 모양을 본뜬 자.

 　귀신　귀

사람의 형상으로 머리가 특별히 크고 나쁜 음기가 뭉친 것이 사람에게 붙어
사사로이 해를 끼치는 '**귀신**'을 나타낸 자.

  　물고기　어

머리・몸체・비늘・꼬리를 갖추고 물에서 살며 아가미로 호흡하는
동물인 '**물고기**'의 모양을 본뜬 자.

부수-39

월   일 【시 간】   ~

鬪 싸울 투	鬪 부수 0획, 총 10획. ( )부수 ( )획, 총 ( )획.
	鬪:싸울 투

鬯 울창주 창 / 기장술 창	鬯 부수 0획, 총 10획. ( )부수 ( )획, 총 ( )획.
	鬱:답답할 울

鬲 솥 력	鬲 부수 0획, 총 10획. ( )부수 ( )획, 총 ( )획.
	鬻:죽 죽/팔(판매할) 육

鬼 귀신 귀	鬼 부수 0획, 총 10획. ( )부수 ( )획, 총 ( )획.
	魁:우두머리 괴 魂:넋 혼 魏:위나라 위 魔:마귀 마

魚 물고기 어	魚 부수 0획, 총 11획. ( )부수 ( )획, 총 ( )획.
	鮑:절인고기 포 鮮:고울 선/적을 선 魯:둔할 로

○ 핵심정리장 40   자세히 읽어 보세요.

자원풀이 및 핵심정리

  새 조 / 꽁지긴새 조

꽁지가 긴 '새'의 모양을 본뜬 자.
※ '꽁지 짧은 새'는 隹(새 추)를 씀.

 田 鹵 鹵 鹵   짠땅(소금밭) 로

동쪽의 바닷가가 아닌 내륙에서 소금이 생산되는 곳인 '짠땅'의 지형을 본뜬 자.

 萗 蕙 慶 鹿 鹿   사슴 록

가지진 뿔·머리·몸·꼬리·네 다리를 본뜬 성질이 순한 '사슴'의 모양을 본뜬 자.

 朿 秋 麥 麦 麥   보리 맥

올해 늦가을에 씨를 뿌리고 내년 초여름에 거둬들이는 까끄라기가 달린 '보리'를 나타낸 자.

 朩朩 麻 麻   삼 마

모시풀을 집에서 이미 길쌈한 것이 '삼'이라는 뜻의 자.

부수-40

鳥	鳥 부수 0획, 총 11획.	( )부수 ( )획, 총 ( )획.
새 꽁지긴새 조	鳴:울 명 鳳:봉새 봉 鴻:큰기러기 홍 鶴:학 학	

鹵	鹵 부수 0획, 총 11획.	( )부수 ( )획, 총 ( )획.
짠땅(소금밭) 로	鹽:소금 염 鹹:짤 함	

鹿	鹿 부수 0획, 총 11획.	( )부수 ( )획, 총 ( )획.
사슴 록	麒:기린 기 麟:기린 린 麗:고울 려 麓:산기슭 록	

麥	麥 부수 0획, 총 11획.	( )부수 ( )획, 총 ( )획.
보리 맥	麵:국수 면 麴:누룩 국	

麻	麻 부수 0획, 총 11획.	( )부수 ( )획, 총 ( )획.
삼 마	麾:대장기 휘	

○ 핵심정리장 41　　　　　　　　　　　　⬇ 자세히 읽어 보세요.

자원풀이 및 핵심정리

  누를(누른색) 황

땅의 빛이 '**누르다(누렇다)**'는 뜻의 자.

  기장　서

물에 불리면 벼의 열매인 쌀보다 그 찰진 기운이 더 많은 '**기장**'을 나타낸 자.

 검을　흑

불을 때면 연기가 굴뚝을 통하여 나가는데 굴뚝 속이 그을려
그 빛깔이 '**검다**'는 뜻의 자.

 바느질할 치

바늘귀에 실을 꿰어 해어진 옷을 촘촘하게 '**바느질한다**'는 뜻의 자.

  맹꽁이　맹
힘쓸　　민

개구리로서 배가 크고 다리가 긴 '**맹꽁이**'의 모양을 본뜬 자.

부수-41

黃 누를(누른색) 황	黃 부수 0획, 총 12획.	( )부수 ( )획, 총 ( )획.
	獷:씩씩할 광	

黍 기장 서	黍 부수 0획, 총 12획.	( )부수 ( )획, 총 ( )획.
	黎:검을 려	

黑 검을 흑	黑 부수 0획, 총 12획.	( )부수 ( )획, 총 ( )획.
	默:말없을 묵　點:점 점　黨:무리 당	

黹 바느질할 치	黹 부수 0획, 총 12획.	( )부수 ( )획, 총 ( )획.
	黻:보불 불　黼:보불 보	

黽 맹꽁이 맹 힘쓸 민	黽 부수 0획, 총 13획.	( )부수 ( )획, 총 ( )획.
	鼂:아침 조　鰲:자라 오　鱉:자라 별	

103

○ 핵심정리장 42　　　　　　　　　　　　　　⬇ 자세히 읽어 보세요.

자원풀이 및 핵심정리

  솥　정

쪼갠 나무로 불을 지펴 다섯 가지 맛을 만들어 내는 세 발과 두 귀 달린 쇠붙이 그릇인 '솥'의 모양을 본뜬 자.

 북　고

모양은 원통과 비슷하고 양 끝에 가죽을 씌워 나무로 테돌림을 하여 두드려 소리내는 악기가 '북'이라는 뜻의 자.

   쥐　서

배·발톱·꼬리 부분을 대략 나타내고 특히 이로 물건 쏠기를 좋아하는 '쥐'의 모양을 본뜬 자.

  코　비

스스로 호흡을 하거나 냄새를 맡도록 도와주는 기관인 '코'를 뜻하는 자.

  가지런할 제

일정하게 자란 벼나 보리는 팬 이삭의 모양새도 거의 '가지런하다'는 뜻의 자.

부수-42

	鼎 부수 0획, 총 13획.	( )부수 ( )획, 총 ( )획.			
鼎 솥 정					
	鼏:솥뚜껑 멱				

	鼓 부수 0획, 총 13획.	( )부수 ( )획, 총 ( )획.			
鼓 북 고					
	鼕:북소리 동				

	鼠 부수 0획, 총 13획.	( )부수 ( )획, 총 ( )획.			
鼠 쥐 서					
	鼯:날다람쥐 오 鼴:두더지 언				

	鼻 부수 0획, 총 14획.	( )부수 ( )획, 총 ( )획.			
鼻 코 비					
	鼽:코막힐 구				

	齊 부수 0획, 총 14획.	( )부수 ( )획, 총 ( )획.			
齊 가지런할 제					
	齋:재계할 재				

○ 핵심정리장 43　　　　　　　　　　　　　　⬇ 자세히 읽어 보세요.

자원풀이 및 핵심정리

　　齒　

입이 벌어졌을 때 위아래의 입술 안에 고르게 나열된 뼈인 '이'의 모양을 본뜬 자.

　　龍　

무궁무진한 조화를 부리며 춘분(春分)이면 하늘에 오르고 추분(秋分)이면
연못에 잠기는 비늘이 달린 상상속의 영험한 동물인 '용'의 모습을 나타낸 자.

　　龜　거북　귀
　　　　　　　　　　　　　땅이름　구
　　　　　　　　　　　　　터질　균

배와 등에 껍질이 있어 몸체를 속에 간직하는 동물인 '거북'의 모양을 본뜬 자.

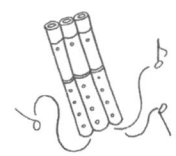　　龠　

여러 개의 대통을 모아 만들어 부는 악기인 '대피리'의 모양을 본뜬 자.

부수-43

월   일   【시 간】   ~

齒 이 치	齒 부수 0획, 총 15획.	( )부수 ( )획, 총 ( )획.			
	齡:나이 령 齧:씹을 설 齷:억척스러울 악				
龍 용 룡	龍 부수 0획, 총 16획.	( )부수 ( )획, 총 ( )획.			
	龐:클 방 龕:감실 감				
龜 거북 귀구균 땅이름 터질	龜 부수 0획, 총 16획.	( )부수 ( )획, 총 ( )획.			
龠 피리(대피리) 약	龠 부수 0획, 총 17획.	( )부수 ( )획, 총 ( )획.			

♣ **다음 부수자(部首字)를 써 보시오.**

부수자 쓰기-1

一	一					
한 일						
丨	丨					
뚫을 곤						
丶	丶					
점 주						
丿	丿					
삐칠 별						
乙	乙			乚		
새 을						

♣ 다음 **부수자**(部首字)를 써 보시오.

부수자 쓰기-2

亅	亅					
갈고리 **궐**						
二	二					
두(둘) **이**						
亠	亠					
머리 **두**						
人	人			亻		
사람 **인**						
儿	儿					
받침사람 **인**						

♣ 다음 부수자(部首字)를 써 보시오.

부수자 쓰기-3

入	入					
들 입						
八	八					
여덟 팔						
冂	冂					
멀 경						
冖	冖					
덮을 멱						
冫	冫					
얼음 빙						

♣ **다음 부수자(部首字)를 써 보시오.**

부수자 쓰기-4

几	几					
안석 궤						
凵	凵					
입벌릴 감						
刀	刀			刂		
칼 도						
力	力					
힘 력						
勹	勹					
쌀 포						

111

♣ 다음 부수자(部首字)를 써 보시오.

부수자 쓰기-5

匕	匕					
숟가락 비						
匚	匚					
상자 방						
匸	匸					
감출 혜						
十	十					
열 십						
卜	卜					
점 복						

♣ **다음 부수자(部首字)를 써 보시오.**

부수자 쓰기-6

卩	卩			巴		
뼈마디 절						
厂	厂					
언덕 한						
厶	厶					
사사로울 사						
又	又					
또 우						
口	口					
입 구						

♣ 다음 부수자(部首字)를 써 보시오.

부수자 쓰기-7

口	口					
에울 위						
土	土					
흙 토						
士	士					
선비 사						
夂	夂					
뒤쳐져올 치						
夊	夊					
천천히걸을 쇠						

♣ 다음 부수자(部首字)를 써 보시오.

부수자 쓰기-8

夕	夕					
저녁 석						
大	大					
큰 대						
女	女					
계집 녀						
子	子					
아들 자						
宀	宀					
집 면						

♣ 다음 **부수자**(部首字)를 써 보시오.

부수자 쓰기-9

寸	寸						
마디 촌							
小	小						
작을 소							
尢	尢						
절름발이 왕							
尸	尸						
시체 시							
屮	屮						
싹날 철							

♣ 다음 부수자(部首字)를 써 보시오.

부수자 쓰기-10

山	山					
메 산						
巛	巛			川		
내 천						
工	工					
장인 공						
己	己					
몸 기						
巾	巾					
수건 건						

♣ 다음 **부수자**(部首字)를 써 보시오.

부수자 쓰기-11

干	干					
방패 간						
幺	幺					
작을 요						
广	广					
집 엄						
廴	廴					
길게걸을 인						
廾	廾					
두손공손히할 공						

♣ 다음 부수자(部首字)를 써 보시오.

부수자 쓰기-12

弋	弋					
주살 익						
弓	弓					
활 궁						
彐	彐				彑	
돼지머리 계						
彡	彡					
터럭 삼						
彳	彳					
조금걸을 척						

♣ 다음 부수자(部首字)를 써 보시오.

부수자 쓰기-13

心	心		小	小		
마음 심						
戈	戈					
창 과						
戶	戶					
지게 호						
手	手			才		
손 수						
支	支					
지탱할 지						

♣ 다음 부수자(部首字)를 써 보시오.

부수자 쓰기-14

攴	攴			攵		
칠 복						
文	文					
글월 문						
斗	斗					
말 두						
斤	斤					
근 근						
方	方					
모 방						

♣ 다음 부수자(部首字)를 써 보시오.

부수자 쓰기-15

无	无					
없을 무						
日	日					
해 일						
曰	曰					
가로 왈						
月	月					
달 월						
木	木					
나무 목						

♣ 다음 부수자(部首字)를 써 보시오.

부수자 쓰기-16

欠	欠				
하품 흠					
止	止				
그칠 지					
歹	歹				歹
뼈앙상할 알					
殳	殳				
몽둥이 수					
母	母				
말 무					

♣ 다음 부수자(部首字)를 써 보시오.

부수자 쓰기-17

比	比				
견줄 비					
毛	毛				
털 모					
氏	氏				
뿌리 씨					
气	气				
기운 기					
水	水		氷	氵	
물 수					

♣ 다음 **부수자**(部首字)를 써 보시오.

부수자 쓰기-18

火	火			灬		
불 화						
爪	爪			爫		
손톱 조						
父	父					
아비 부						
爻	爻					
점괘 효						
爿	爿					
나무조각 장						

♣ 다음 부수자(部首字)를 써 보시오.

부수자 쓰기-19

片	片					
조각 편						
牙	牙					
어금니 아						
牛	牛			牛		
소 우						
犬	犬			犭		
개 견						
玄	玄					
검을 현						

♣ 다음 부수자(部首字)를 써 보시오.

부수자 쓰기-20

玉	玉			王		
구슬 옥						
瓜	瓜					
오이 과						
瓦	瓦					
기와 와						
甘	甘					
달 감						
生	生					
날 생						

♣ 다음 부수자(部首字)를 써 보시오.

부수자 쓰기-21

用	用					
쓸 용						
田	田					
밭 전						
疋	疋					
다리 소						
疒	疒					
병들 녁						
癶	癶					
등질 발						

♣ 다음 부수자(部首字)를 써 보시오.

부수자 쓰기-22

白	白					
흰 백						
皮	皮					
가죽 피						
皿	皿					
그릇 명						
目	目					
눈 목						
矛	矛					
창 모						

♣ 다음 부수자(部首字)를 써 보시오.

부수자 쓰기-23

矢	矢					
화살 시						
石	石					
돌 석						
示	示			礻		
보일 시						
内	内					
짐승발자국 유						
禾	禾					
벼 화						

♣ 다음 부수자(部首字)를 써 보시오.

부수자 쓰기-24

穴	穴					
구멍 혈						
立	立					
설 립						
竹	竹					
대 죽						
米	米					
쌀 미						
糸	糸			糸		
실 사						

♣ 다음 부수자(部首字)를 써 보시오.

부수자 쓰기-25

缶	缶					
장군 부						
网	网		罒		四	
그물 망						
羊	羊					
양 양						
羽	羽					
깃 우						
老	老			耂		
늙을 로						

♣ 다음 **부수자**(部首字)를 써 보시오.

부수자 쓰기-26

而	而					
말이을 이						
耒	耒					
쟁기 뢰						
耳	耳					
귀 이						
聿	聿					
오직 율						
肉	肉			月		
고기 육						

♣ 다음 부수자(部首字)를 써 보시오.

부수자 쓰기-27

臣	臣					
신하 신						
自	自					
스스로 자						
至	至					
이를 지						
臼	臼					
절구 구						
舌	舌					
혀 설						

♣ 다음 부수자(部首字)를 써 보시오.

부수자 쓰기-28

舛	舛					
어그러질 천						
舟	舟					
배 주						
艮	艮					
그칠 간						
色	色					
빛 색						
艸	艸	ㅕ				
풀 초						

♣ 다음 부수자(部首字)를 써 보시오.

부수자 쓰기-29

虎	虎					
범무늬 호						
虫	虫					
벌레 훼						
血	血					
피 혈						
行	行					
다닐 행						
衣	衣			衤		
옷 의						

♣ 다음 부수자(部首字)를 써 보시오.

부수자 쓰기-30

兩	兩					
덮을 아						
見	見					
볼 견						
角	角					
뿔 각						
言	言					
말씀 언						
谷	谷					
골 곡						

♣ 다음 **부수자**(部首字)를 써 보시오.

부수자 쓰기-31

豆	豆					
나무그릇 두						
豕	豕					
돼지 시						
豸	豸					
맹수 치						
貝	貝					
조개 패						
赤	赤					
붉을 적						

♣ 다음 부수자(部首字)를 써 보시오.

부수자 쓰기-32

走	走					
달릴 주						
足	足					
발 족						
身	身					
몸 신						
車	車					
수레 거						
辛	辛					
매울 신						

♣ 다음 부수자(部首字)를 써 보시오.

부수자 쓰기-33

辰	辰					
별 진						
走	走			辵		
쉬엄쉬엄갈 착						
邑	邑			阝		
고을 읍						
酉	酉					
닭 유						
采	采					
분별할 변						

♣ **다음 부수자**(部首字)**를 써 보시오.**

부수자 쓰기-34

里	里					
마을 리						
金	金					
쇠 금						
長	長					
긴 장						
門	門					
문 문						
阜	阜			阝		
언덕 부						

♣ 다음 부수자(部首字)를 써 보시오.

부수자 쓰기-35

隶	隶					
미칠 이						
隹	隹					
새 추						
雨	雨					
비 우						
靑	靑			靑		
푸를 청						
非	非					
아닐 비						

♣ 다음 부수자(部首字)를 써 보시오.

부수자 쓰기-36

面	面					
얼굴 면						
革	革					
가죽 혁						
韋	韋					
다룸가죽 위						
韭	韭					
부추 구						
音	音					
소리 음						

♣ 다음 부수자(部首字)를 써 보시오.

부수자 쓰기-37

頁	頁					
머리 혈						
風	風					
바람 풍						
飛	飛					
날 비						
食	食		飠		食	
밥 식						
首	首					
머리 수						

♣ 다음 부수자(部首字)를 써 보시오.

부수자 쓰기-38

香	香					
향기 향						
馬	馬					
말 마						
骨	骨					
뼈 골						
高	高					
높을 고						
髟	髟					
긴털드리울 표						

♣ 다음 부수자(部首字)를 써 보시오.

부수자 쓰기-39

鬥 싸울 투	鬥					
鬯 울창주 창	鬯					
鬲 솥 력	鬲					
鬼 귀신 귀	鬼					
魚 물고기 어	魚					

♣ 다음 부수자(部首字)를 써 보시오.

부수자 쓰기-40

鳥	鳥					
새 조						
鹵	鹵					
짠땅 로						
鹿	鹿					
사슴 록						
麥	麥					
보리 맥						
麻	麻					
삼 마						

♣ 다음 부수자(部首字)를 써 보시오.

부수자 쓰기-41

黃	黃					
누를 황						
黍	黍					
기장 서						
黑	黑					
검을 흑						
黹	黹					
바느질할 치						
黽	黽					
맹꽁이 맹						

♣ 다음 부수자(部首字)를 써 보시오.

부수자 쓰기-42

鼎	鼎					
솥 정						
鼓	鼓					
북 고						
鼠	鼠					
쥐 서						
鼻	鼻					
코 비						
齊	齊					
가지런할 제						

♣ 다음 부수자(部首字)를 써 보시오.

부수자 쓰기-43

齒	齒					
이 치						
龍	龍					
용 룡						
龜	龜					
거북 귀						
龠	龠					
피리 약						

부록(附錄)

- 이름쓰기(학교·본인·부모·조부모·외조부모)
- 촌수(寸數)
- 천간(天干)과 지지(地支)
- 부수자 일람표

♣ **초등학교(初等學校)를 한자(漢字)로 써 보시오.**

初 처음 초	初 처음 초					
等 등급 등	等 등급 등					
學 배울 학	學 배울 학					
校 학교 교	校 학교 교					

♣ 학교(學校)의 이름을 한자(漢字)로 써 보시오.

	校 학교 교					
校 학교 교						

♣ 자기의 학년(學年)을 한자(漢字)로 써 보시오.

第 차례 제	第 차례 제					
學 배울 학	學 배울 학					
年 해 년	年 해 년					

♣ 자기의 성명(姓名)을 한자(漢字)로 써 보시오.

	書 쓰다 서					
書 쓰다 서						

♣ 아버지와 어머니의 성함(姓銜)을 한자(漢字)로 써 보시오.

- 부(父)
  : 아버지.

- 모(母)
  : 어머니.

♣ 할아버지와 할머니의 성함(姓銜)을 한자(漢字)로 써 보시오.

•조부(祖父) : 할아버지.	
•조모(祖母) : 할머니.	

♣ 할아버지와 할머니의 성함(姓銜)을 한자(漢字)로 써 보시오.

♣ 외할아버지와 외할머니의 성함(姓銜)을 한자(漢字)로 써 보시오.

•외조부(外祖父) : 외할아버지.		
•외조모(外祖母) : 외할머니.		

♣ 가족(家族) 관계의 호칭(呼稱)과 촌수(寸數)를 알아보시오.

※ 친가(親家)

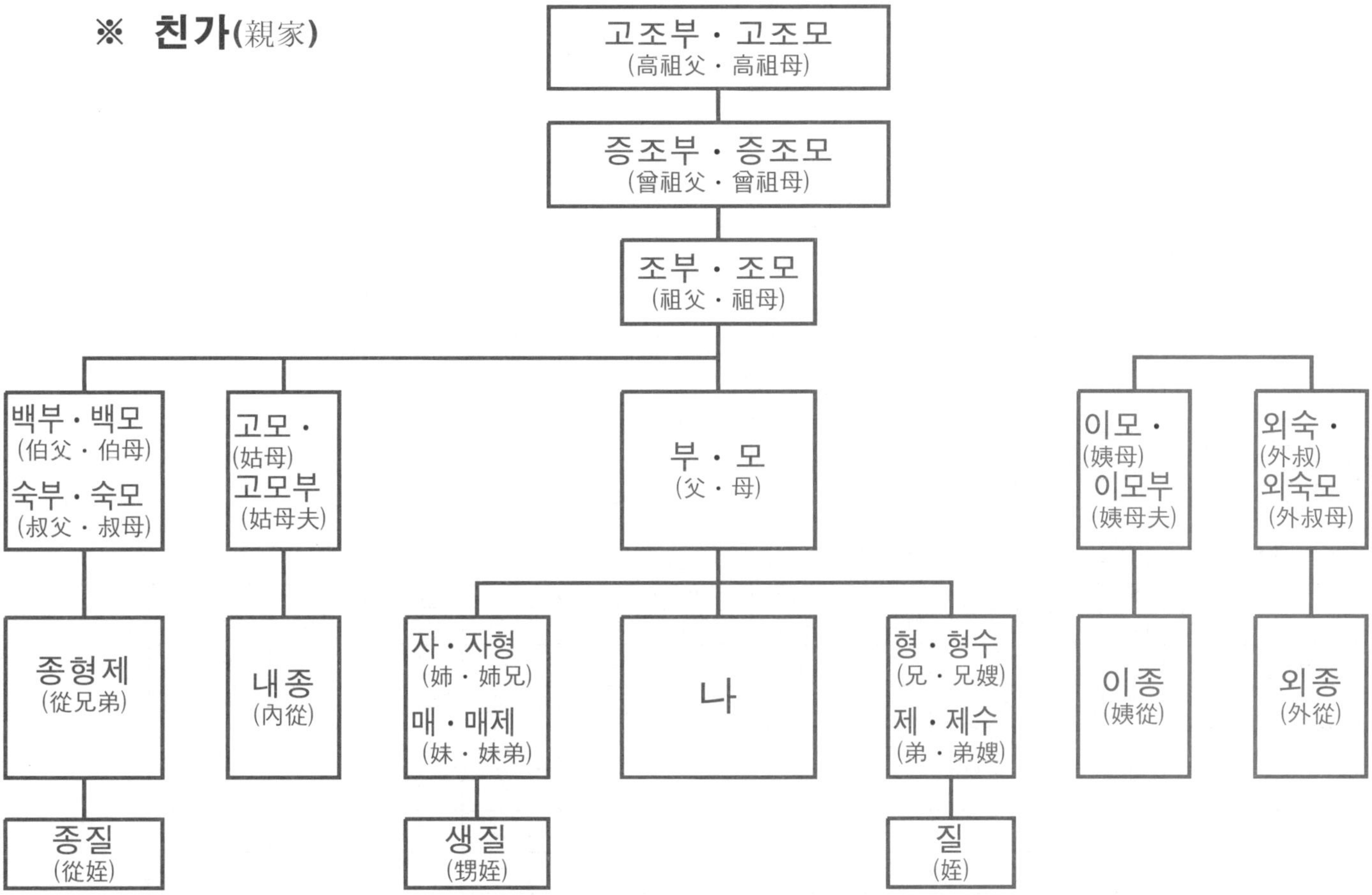

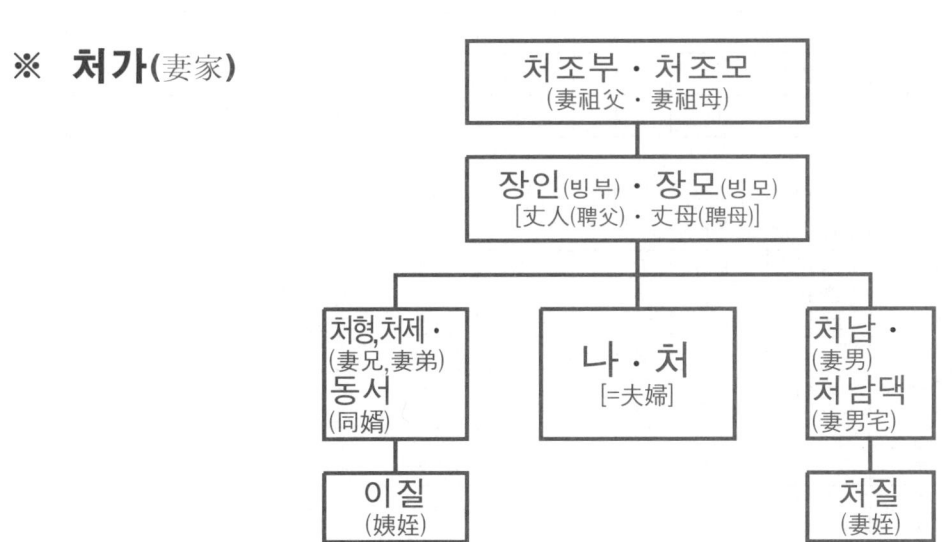

※ 처가(妻家)

- 참고1) 이 세상에서 나와 가장 친한 사람은 누구일까요? ➡ 父母님
- 참고2) 남편과 아내는 서로 몇 촌(寸)일까요? ➡ 무촌(無寸)
- 참고3) 나와 내 동생은 서로 몇 촌(寸)일까요? ➡ 2촌(二寸)

♣ 천간(天干)과 지지(地支)에 대하여 알아보시오.

※ 천간(天干) - 육십 갑자의 윗단위를 이루는 것. 곧 십간(十干).

순서	천간(天干)	오행(五行)	방위(方位)	계절(季節)	오색(五色)	오미(五味)	오상(五常)	오음(五音)
첫째 천간	갑(甲)	木	동	봄	청색	신맛	仁	각(角)
둘째 천간	을(乙)	木	동	봄	청색	신맛	仁	각(角)
셋째 천간	병(丙)	火	남	여름	적색	쓴맛	禮	치(徵)
넷째 천간	정(丁)	火	남	여름	적색	쓴맛	禮	치(徵)
다섯째 천간	무(戊)	土	중앙	사계절	황색	단맛	信	궁(宮)
여섯째 천간	기(己)	土	중앙	사계절	황색	단맛	信	궁(宮)
일곱째 천간	경(庚)	金	서	가을	백색	매운맛	義	상(商)
여덟째 천간	신(辛)	金	서	가을	백색	매운맛	義	상(商)
아홉째 천간	임(壬)	水	북	겨울	흑색	짠맛	智	우(羽)
열번째 천간	계(癸)	水	북	겨울	흑색	짠맛	智	우(羽)

※ 지지(地支) - 육십 갑자의 아래 단위를 이루는 요소. 곧 십이지(十二支).

순서	지지(地支)	상징동물	시간(時間)	오행(五行)	방위(方位)	계절(季節)	오색(五色)	오미(五味)	오상(五常)	오음(五音)
첫째 지지	자(子)	쥐	23시~1시	水	북	겨울	흑색	짠맛	智	우(羽)
둘째 지지	축(丑)	소	1시~3시	土	중앙	사계절	황색	단맛	信	궁(宮)
셋째 지지	인(寅)	호랑이	3시~5시	木	동	봄	청색	신맛	仁	각(角)
넷째 지지	묘(卯)	토끼	5시~7시	木	동	봄	청색	신맛	仁	각(角)
다섯째 지지	진(辰)	용	7시~9시	土	중앙	사계절	황색	단맛	信	궁(宮)
여섯째 지지	사(巳)	뱀	9시~11시	火	남	여름	적색	쓴맛	禮	치(徵)
일곱째 지지	오(午)	말	11시~13시	火	남	여름	적색	쓴맛	禮	치(徵)
여덟째 지지	미(未)	양	13시~15시	土	중앙	사계절	황색	단맛	信	궁(宮)
아홉째 지지	신(申)	원숭이	15시~17시	金	서	가을	백색	매운맛	義	상(商)
열번째 지지	유(酉)	닭	17시~19시	金	서	가을	백색	매운맛	義	상(商)
열한번째 지지	술(戌)	개	19시~21시	土	중앙	사계절	황색	단맛	信	궁(宮)
열두번째 지지	해(亥)	돼지	21시~23시	水	북	겨울	흑색	짠맛	智	우(羽)

※ 육십갑자(六十甲子) - 천간(天干)과 지지(地支)를 차례로 배합하여 예순 가지로 늘어놓은 것.

갑자(甲子)	을축(乙丑)	병인(丙寅)	정묘(丁卯)	무진(戊辰)	기사(己巳)	경오(庚午)	신미(辛未)	임신(壬申)	계유(癸酉)
갑술(甲戌)	을해(乙亥)	병자(丙子)	정축(丁丑)	무인(戊寅)	기묘(己卯)	경진(庚辰)	신사(辛巳)	임오(壬午)	계미(癸未)
갑신(甲申)	을유(乙酉)	병술(丙戌)	정해(丁亥)	무자(戊子)	기축(己丑)	경인(庚寅)	신묘(辛卯)	임진(壬辰)	계사(癸巳)
갑오(甲午)	을미(乙未)	병신(丙申)	정유(丁酉)	무술(戊戌)	기해(己亥)	경자(庚子)	신축(辛丑)	임인(壬寅)	계묘(癸卯)
갑진(甲辰)	을사(乙巳)	병오(丙午)	정미(丁未)	무신(戊申)	기유(己酉)	경술(庚戌)	신해(辛亥)	임자(壬子)	계축(癸丑)
갑인(甲寅)	을묘(乙卯)	병진(丙辰)	정사(丁巳)	무오(戊午)	기미(己未)	경신(庚申)	신유(辛酉)	임술(壬戌)	계해(癸亥)

- 참고1) 동대문 ➡ 숭인지문(崇仁之門), 남대문 ➡ 숭례문(崇禮門).
- 참고2) 사신도(四神圖) ➡ 동:청룡(靑龍), 남:주작(朱雀), 서:백호(白虎), 북:현무(玄武).

부수자(部首字: 214자) 일람표(一覽表)

1 획
- 一 한 일
- 丨 뚫을 곤
- 丶 점 주
- 丿 삐칠 별
- 乙 새 을
- 亅 갈고리 궐

2 획
- 二 두 이
- 亠 돼지머리해
- 人亻 사람 인
- 儿 어진사람인발
- 入 들 입
- 八 여덟 팔
- 冂 멀경몸
- 冖 민갓머리
- 冫 이수변
- 几 안석 궤
- 凵 위튼입구몸
- 刀 칼 도
- 力 힘 력
- 勹 쌀포몸
- 匕 숟가락 비
- 匚 튼입구몸
- 匸 감출혜몸
- 十 열 십
- 卜 점 복
- 卩㔾 병부절방
- 厂 민엄호
- 厶 마늘모
- 又 또 우

3 획
- 口 입 구
- 囗 큰입구몸
- 土 흙 토
- 士 선비 사
- 夂 뒤쳐져올 치
- 夊 천천히걸을쇠발
- 夕 저녁 석
- 大 큰 대
- 女 계집 녀
- 子 아들 자
- 宀 갓머리
- 寸 마디 촌
- 小 작을 소
- 尢 절름발이 왕
- 尸 주검시엄
- 屮 왼손 좌
- 山 메 산
- 巛 개미허리
- 工 장인 공
- 己 몸 기
- 巾 수건 건
- 干 방패 간
- 幺 작을 요
- 广 엄호
- 廴 민책받침
- 廾 스물입발
- 弋 주살 익
- 弓 활 궁
- 彐彑 튼가로왈
- 彡 터럭 삼
- 彳 두인변

4 획
- 心 마음 심
- 戈 창 과
- 戶 지게 호
- 手扌 손 수
- 支 지탱할 지
- 攴攵 칠 복
- 文 글월 문
- 斗 말 두
- 斤 근 근
- 方 모 방
- 无 없을 무
- 日 해 일
- 曰 가로 왈
- 月 달 월
- 木 나무 목
- 欠 하품 흠
- 止 그칠 지
- 歹 죽을사변
- 殳 갖은등글월문
- 毋 말 무
- 比 견줄 비
- 毛 털 모
- 氏 뿌리 씨
- 气 기운기엄
- 水氺 물 수
- 火灬 불 화
- 爪爫 손톱 조
- 父 아비 부
- 爻 효 효
- 爿 장수장변

- 片 조각 편
- 牙 어금니 아
- 牛牜 소 우
- 犬犭 개 견

5 획
- 玄 검을 현
- 玉王 구슬 옥
- 瓜 오이 과
- 瓦 기와 와
- 甘 달 감
- 生 날 생
- 用 쓸 용
- 田 밭 전
- 疋 필 필
- 疒 병질엄
- 癶 필발머리
- 白 흰 백
- 皮 가죽 피
- 皿 그릇 명
- 目 눈 목
- 矛 창 모
- 矢 화살 시
- 石 돌 석
- 示 보일 시
- 禸 짐승발자국 유
- 禾 벼 화
- 穴 구멍 혈
- 立 설 립

6 획
- 竹 대 죽
- 米 쌀 미
- 糸 실사변
- 缶 장군 부
- 网罒 그물 망
- 羊 양 양
- 羽 깃 우
- 老耂 늙을 로
- 而 말이을 이
- 耒 쟁기 뢰
- 耳 귀 이
- 聿 오직 율
- 肉月 고기 육
- 臣 신하 신
- 自 스스로 자
- 至 이를 지
- 臼 절구 구
- 舌 혀 설

- 舛 어그러질 천
- 舟 배 주
- 艮 괘이름 간
- 色 빛 색
- 艸艹 풀 초
- 虍 범호엄
- 虫 벌레 충
- 血 피 혈
- 行 다닐 행
- 衣衤 옷 의
- 襾 덮을 아

7 획
- 見 볼 견
- 角 뿔 각
- 言 말씀 언
- 谷 골 곡
- 豆 콩 두
- 豕 돼지 시
- 豸 발없는벌레 치
- 貝 조개 패
- 赤 붉을 적
- 走 달릴 주
- 足 발 족
- 身 몸 신
- 車 수레 거
- 辛 매울 신
- 辰 별 진
- 辵辶 쉬엄쉬엄갈 착
- 邑⻏ 고을 읍
- 酉 닭 유
- 釆 분변할 변
- 里 마을 리

8 획
- 金 쇠 금
- 長 긴 장
- 門 문 문
- 阜⻏ 언덕 부
- 隶 미칠 이
- 隹 새 추
- 雨 비 우
- 靑 푸를 청
- 非 아닐 비

9 획
- 面 낯 면
- 革 가죽 혁
- 韋 다룸가죽 위
- 韭 부추 구

- 音 소리 음
- 頁 머리 혈
- 風 바람 풍
- 飛 날 비
- 食 밥 식
- 首 머리 수
- 香 향기 향

10 획
- 馬 말 마
- 骨 뼈 골
- 高 높을 고
- 髟 긴털드리울 표
- 鬥 싸울 투
- 鬯 울창주 창
- 鬲 솥 력
- 鬼 귀신 귀

11 획
- 魚 물고기 어
- 鳥 새 조
- 鹵 짠땅 로
- 鹿 사슴 록
- 麥 보리 맥
- 麻 삼 마

12 획
- 黃 누를 황
- 黍 기장 서
- 黑 검을 흑
- 黹 바느질할 치

13 획
- 黽 맹꽁이 맹
- 鼎 솥 정
- 鼓 북 고
- 鼠 쥐 서

14 획
- 鼻 코 비
- 齊 가지런할 제

15 획
- 齒 이 치

16 획
- 龍 용 룡
- 龜 거북 귀

17 획
- 龠 피리 약